简单情杀

朱朱莉　著

竹和松出版社

出版：竹和松出版社 (Zhu & Song Press)
Zhu & Song Press, LLC
责任编辑：朱晓红
责编信箱：zhuandsongpress@gmail.com
封面设计：竹和松传媒
出版社网址：zhuandsongpress.com
印刷地：美国
发行：全球

ISBN-13:978-1-950407-02-6
ISBN-10:1-950407-02-0

关于作者

朱朱莉，生于七十年代，科幻悬疑小说家。现居美国华盛顿地区。爱好文学，电影，传媒。中国科学院天体物理和乔治华盛顿大学工商管理双硕士，曾任国内知名教育门户网站信息发展部总经理，也曾任美国著名报业集团华盛顿邮报高级软件工程师。现为高级前端工程师。

朱朱莉著作出版有中篇科幻小说集《机器之城》。并在豆瓣首发有《杀人机器人》、《机器人总统》、《他人地狱》、《机器人保镖》等中篇科幻悬疑小说。朱朱莉也是海外华人最大门户网站文学城科幻悬疑作家。

内容简介

《初恋情人》：

二十年后大学初恋情人在纽约相见，男的被杀，凶手看似是街头抢劫的几个混混，其内却隐藏着太多因果和秘密...... 这是一个与传统绝对不一样的初恋情人故事。

《英雄梦想》：

一个是猜拳高手，自述类推理作家，另一个是地产开发商，因为对体操明星性侵诉讼案的调查，让两人由彼此好奇到相互吸引。并引出诉讼案幕后一对初恋情人之间由爱生恨的秘密。英雄，其实是一种信仰......

《双重初恋》：

这才是安文雯想要的这个初恋故事的结局。她比较喜欢这样的收梢。她爱过王国雄。她早已经不爱他了。她甚至不愿意承认她爱过他。王国雄玩的把戏正好使她达到这个目的。公众眼中的“真相”可以被揭露，公众眼中的“真相”也同样可以被创造......

目录

初恋情人……1
一……1
二……5
三……8
英雄梦想……10
一……10
二……17
三……23
四……33
五……44
六……50
七……56
八……65
结局……71
双重初恋……76
一. 二十年前的引力波……76
二. 再回首恍然若梦……83
三. 夕阳醉了……90
四. 当年情……103
五. 简单爱……112

初恋情人

一

王国雄正在他的弥留之际。

他想不明白，好不容易出一趟国，就为了与初恋情人见一个面，却要把命葬送在这异国他乡。

这世界上真的有后悔药吗？如果有，他真后悔去见前，没有把钱包带上。

本来他是想带上的，但一想，虽然大家都说好只是路边简单聊几句，但如果初恋情人提出去吃个饭喝个咖啡，也不好意思拒绝。他本就挣得不多，就一个国内不知名大学的穷教授，今年年初才好不容易用平时省下的钱买了个日本车，比很多人都买得晚了。平时儿子兴趣班辅导班花费也彼多。出国的差旅费不多，还想节省下来钱买个最新版的 iPhon 回去送给儿子呢。

如果初恋情人真的提出去餐馆咖啡馆坐坐啥的，到时假装一摸口袋，说走得太匆忙忘带钱包了反倒比要自己掏钱时脸色不好看来得体面。

再说初恋情人过得比他好得多了，住在纽约的好区豪宅，开好车，有一个好工作，她老公的工作也很好，平时买菜都是去有机店买的。让她区区掏一点钱，尽一点地主之宜，也不在话下吧。

就这么一个小小的决定要了他的命。他实在觉得自己是太冤了。就算不带钱包，带上二十美金在身边也好啊。没想到街头的非裔流氓们为了二十美元，就可以要人性命的。

他一辈子节约。所以这次也选择住在纽约法拉盛的一个平价酒店。为了节省车费，与初恋情人见面的地点就选择在他走路可到的拐角，那里还算幽静，人不多，正好能说上话。没想到才说上一二句话，就冲上来几个非裔青年，掏出刀子就逼着要钱。

他又开始后悔为什么要约初恋情人见面呢？不就说几句话而已吗？说几句话就那么重要吗？而且，他明明知道她早就不属于自己。

但他认为如果她还未曾忘记一个人的话，那么这个人就只能是他了。人说初恋是记忆一辈子的事情，她的心里一定记着他。当年，他很确定他是她的初恋，她爱上了自己，否则她怎么可能给自己送上一封情书？虽然他在考研期间有点冷淡她，但那时学业第一啊，他雄心勃勃想考上重点高校的研究生，那时正在冲刺，怎么好让感情影响了学习？他一直是一个很理智实干的人，也是因为这个原因让他成为他们班的班长吧。

但考完研后，当一切轻松下来了，他重新向她示好时，她却已经爱理不理了。那么就算了，王国雄心想自己读研时可选择的面更广，天涯何处无芳草，而且大学恋情又有几对可算数的？

安文雯长得不错，人也聪明。但是她毕竟太爱幻想，不切实际，做事前后不考虑，就象送情书这种事，为什么就不能再等一等，等考完研大家都彼此轻松的时候再送呢。看来终究不是做妻子的上上之选。而她既然连恋爱关系也不愿意保持，那么大家也就这样算了。

从此再没说上话。

然而，命运的安排也真的让人奇怪。反而是她当年就考上了一所顶尖大学的研究生院。从此步步青云。而自己考了三年才考上。但现在也算功成名就，虽然只是不知名大学的教授，但是好歹是正教授，不容易了，再说教授的社会地位也不错。儿子也长大了，很快就能读高中。妻子是职业女性，容貌端正，贤惠，挣得比自己还多，算是一门很划算的亲事。

不得不承认，现在的她反而比大学时更有吸引力，以前的她太青涩也不太懂事。现在的她不知怎么着，岁月没有消减她的美丽，反而越发增长她的魅力，气质也越来越好。生活上事业上，各方面都比他不知好了多少。虽然也有四十出头了，但依然很具男人缘。原来的那些大学男生们，至今都还在对她念念不忘。

而生活更让人可气的是，以前那些不如他的大学男生，不知怎么着，也都似乎比自己过得好。有成了企业家的，有当上了局长的，有当上了校长的。而自己费尽心机，还只是一个不知名大学的教授。

刚好有机会出差来纽约，王国雄想重新刷新一下自己在安文雯心里的位置。“毕竟自己才是她的初恋，这是无可改变的。”王国雄想。

他一辈子都那么实际，每次都严格按照计划行事。今天居然为了一个小小的冲动而要把命送上。

在王国雄的弥留之际，他被各种后悔充塞着，以他教授级的逻辑，他还是在最后停止呼吸前得到了这样的一个总结：这辈子最后悔的事是认识了安文雯。

二

案情很简单：大学老同学出差美国纽约，安排街头路边见面叙旧，才聊上一二句，几个非裔男青年就冲上来拨出刀子要求交钱。因为没带钱，王国雄被刺重伤，惊动了行人，行人奔走相助，非裔青年们仓皇而逃，而安文雯幸运逃过一劫。

从警察局出来，再从医院出来，安文雯一个晚上经历了太多。此时天已经大亮。她惊吓过度，疲惫不堪，内心悲伤。身体一直微微颤抖，一副看上去很冷的样子。很多人前来安慰她，包括那些来做证明的行人，也是他们帮助送王国雄去的医院。她的老公更是第一时间到达现场来陪伴安慰她。

去见大学老同学前，是经过她老公同意的。说好了就简单聊聊天就回来。结果发生这么大的事。

陪伴期间她老公小小地责怪了她一下：“为什么不带点现金呢？”。美国消费者一般都刷卡消费，很多人钱包里都没有现金。纽约法拉盛华人众多，而且华人现在在美国出名的有钱，纽约已经发生好多起专门针对华裔的抢劫伤人杀人案。

她这辈子还没有经历过这么严重的事。不过，现在想起来，她这辈子中所经历的严重的事，似乎都与这个初恋情人有关。如果这辈子可以重来，她真希望从来都没有认识过王国雄。

安文雯晚熟，所以喜欢成熟的男生。大学期间，她喜欢上了做事稳重理智条理清楚的班长王国雄。而王国雄看上去也很喜欢她。每次他与一群男同学走过她的身边，他就会故意落到最后，然后扭过头来看她。一次又一次扭头。每次看得安文雯最后只能低下头去。

她给他写了一封情书。此时已经是大三，好些人都在开始准备考研。她与他也不例外。他约她见了一面，说：大家先等期末考考好再说。她欣然同意。

但期末考后，他对她的态度就完全不一样了。每次他与一群男同学走过她的身边，也不再回头看她。

有一天，安文雯一个人去自修室的路上，对面碰到了王国雄。王国雄假装没看见她，就象是她得了传染病似的，眼角嘴角不自觉地流露出厌弃，沉着脸选择从另一条路走了。

那晚的夜自修安文雯不知是怎么上下来的。

回宿舍时，走过隔壁的宿舍，她听见那些女同学在谈论自己的事，说她“脚踏两头船”，“恶心”什么的。不可否认，安文雯是讨人喜欢的女孩，自然有别的男生对她示好。但她只给王国雄一个人写过一封情书，只对他表示过了好感，却不知道在女同学们的八卦中已经传成什么样的版本，才引得这么群起而愤之。

那个晚上，她真的觉得自己已经死了。

从此早出晚归躲在学业中，尽量避开与人交往。

考研结束，毕业前的日子很轻松。每次王国雄与一群男同学走过她的身边，又象以前一样故意落到最后扭过头来一直看她。这才明白王国雄这种特殊的表达喜欢的方式里包含了多高的智商和算计：廉价又安全。可进又可退。既向别的男生宣称了自己的专权：安文雯是属于我的。又完全可凭她的反映来进一步决定下一步的行动。她那里是他的对手！

想起来，王国雄确实从来都没主动说过他喜欢她。他只是让安文雯觉得他喜欢她。他完全可以随时借口是她会错了意。而她送他的那封情书却足以坐实他是她的初恋。

安文雯毕竟也是个聪明人，她当然很快就想明白了其中曲直。然而，爱火虽已熄，伤害却未能除去。

考研去了一个遥远的城市，离开那个让她伤心的城市后，她的生活从此一帆风顺阳光灿烂。“青春少年是样样红，你是主人翁，要雨得雨要风得风……”。就象歌词唱的，好象上帝决定弥补她，把世上所有好东西都让她拥有了。

但没有人知道，从那后，她被那天上自修路上遇见的王国雄脸上流露的厌弃不知杀死过多少遍。甚至有时做梦都是被他的眼神杀死了。

后来在她的职业生涯中，她遇见过各种各样的人，甚至遇见过一些骨子里很残忍的人。但都没有对她有什么影响，因为他们只是一些陌生人而已，只要一结束那段工作，她就不会再与他们有什么关系。她再没遇到过比王国雄更残忍的人。

三

安文雯其实完全不想与王国雄见面。然而王国雄执意要见。安文雯心里感到可笑：一个人得要多么自大，才能认为自己如此伤害过另一个人后，那个人心里还可能有爱的痕迹。

但是后来她想，也许借此机会彼此断了念想，放下心中阴影，从此不再做被他杀死的梦。所以才答应就在街头聊上几分钟。

不过她也曾想过，如果真聊得好，说不定就约一起喝上一杯咖啡，从此两相忘，从此不再见，倒也算爽快。

与他一见面就后悔了。以前那么瘦的人现在已经是脸圆体胖，连以前那一点对生活狂热的眼神都没有了。整个人脸上写着庸俗两个字。都说岁月是一把杀猪刀，但这刀对他来说确实快了点。

才打了个招呼，还没来得及问彼此情况，就窜出来四个非裔小青年，执明晃晃的刀子，逼着要钱。安文雯第一个反应是：还好，拿的是刀不是枪。

她很快掏出钱包把全部八十几块现金都给了他们。她很清楚他们不过是要点钱而已，二十块钱都能打发他们。

四个非裔马上放过了她，去逼王国雄要钱。王国雄惊慌失措："I didn't bring money"（我没带钱）. "Give me your wallet！”（把钱包给我） 一非裔青年吼叫着，另外几个去搜他的身。“I didn’t bring my wallet neither”(我也没带钱包）王国雄依然惊慌地喊。

“原来他是有意没带钱包。”安文雯听到心里“轰”的一声响起。

四个非裔青年把询问的目光投向安文雯。

安文雯说：“I don’t know him. He’s just a stranger who asked me for directions”（我不认识他，他只是一个路人，向我问路）。

安文雯心里清楚，如果她说他与她是在一起的，非裔青年很可能就放过他了，毕竟他们已经从她那儿拿到了八十几美元。

在警察局里，她当然没有（也没必要）说到这个细节。就象她没有（也没必要）交待她与他过去的种种过往。

王国雄是因重伤失血过多而死的，死在那几个非裔青年的刀下。

朱朱莉

英雄梦想

一

从前有对夫妻：他们遇到了死神。死神说："你们两个只能活一个，你们猜拳吧，输的就得死。"最后，丈夫输了……妻子抱着死去的丈夫说："说好一起出石头的，为什么我出了剪刀，你却出了布。"这就是现实，这就是人心。这就是一部分人的奸，一部分人的傻。现实世界，现实的人类，算计别人最后也就是算计了自己。当有些人傻乎乎地想输时，其实他已经赢了！所以，一直善良下去，你就赢了。

这是一段网上流传的段子。前面一部分叙述的是事实，后面则是一般世人的看法和猜测。

问题是，我是一个猜拳高手，我曾经在世界猜拳比赛中保持冠军头衔多年，直到我不再报名参加这个比赛。我深切知道猜拳不是一个随机及运气的游戏，里面包含着很高深的心理学和认知学。而同时我又是一个程序员，长期受严密的逻辑训练。我知道这一般世人的猜测是多么的荒谬。

根据说好一起出石头，但结果丈夫出布及妻子出剪刀的事实，可以推出的结论可以是很多种：

第一种： 妻子宁愿自己死，且心地单纯，老公却宁愿自己活，且思想也算简单。因为两人都没有很复杂的心思，或者都只有一根筋，于是妻子出剪刀，以为这样自己就输了。老公出布，以为这样自己就会赢了。结果就是上面的网络段子，也就是一般世人看待这事的看法。

第二种：妻子宁愿自己死，且心地单纯，老公也是宁愿自己死，且比妻子智慧，知道妻子肯定会出剪刀让自己，他于是出了布，用这种方式来保证自己输。这样的男人结局很惨，不但不被世人赞叹，却是被世人所唾骂的。最惨的是，连他自己的妻子可能最后都要怀疑他的平时品行。那个老公注定是一个孤独的悲剧角色。可能世人都觉得男人靠不住，能把生的机会让给对方的男人已经是稀有之物，而既有如此善心又有智慧的男人基本只能在外星上找到了吧。

第三种：妻子不愿自己死，老公也不愿自己死，但轮智商，妻子的智商比老公高些，知道老公会出布避死，她就出了剪刀。这种是既得了便宜又能卖乖，做得了婊子又立得了牌坊的女中豪杰。她们在这个世界上为数不少，好多都成了社会各阶层的精英人物，所谓白骨精是也。

第四种：妻子老公都宁愿自己死，都很智慧，各猜对方可能最终出什么，以便自己能落败于对方，结果老公更胜一着，成功地输给老婆。老公死了，被世人唾骂。这个有情有义还有智慧的老公至少还能落得一个好，他的妻子是深知这究竟是怎么一回事的：世人眼中的小人其实是一个把生的机会让给自己的英雄。这个老公还不算太悲剧。

第五种：妻子老公都宁愿对方死，且都很腹黑（坏心思到了一定程度就不能叫智慧了），两者斗智斗勇，各猜对方可以会出什么，自己应该出什么来压到对方，结果妻子更胜一着，或者运气更好些。老公死了。这个妻子到哪里都是人生赢家，连死神都要畏惧她三分。在社会上往往拥有很高权势，聚福禄寿于一身。放在古代的后宫一定是活到老死，死后还要被歌颂被演很多电视剧，每剧都是三四十集，每集都是逢凶化吉，贵人天助，男人个个拜在她的裙下围着她转，最后说不定还称帝称王如武则天那种。

这就已经五种可能了，如果再深入分析，你还可以得到更多可能，比如：既然两人都说定了出石头，却都出了别的。这说明：两个人都知道对方不可信任，说话是不作数的，可能婚姻早就存在着危机了。否则为什么都出了个不一样的。即使妻子和老公都宁愿自己死，或者其中之一宁愿自己死，也不一定是出于善良崇高的愿望，很可能纯粹是因为在毫无信任互相猜忌的婚姻中无法呼吸，不想活了等等。或者他们的关系本来已经到了水深火热你死我活的地步，其中二人或一人不过是借此机会除掉对方而已。

江湖险恶，但比江湖更险恶的是人心。比研究江湖更有趣的是研究人心。

我之所以在世界的猜拳比赛中总能保持冠军的位置，诀窍之一：就是研究对方的人心，而我喜欢研究人心。

所谓知已知彼百战不殆。猜拳，你只要做到知彼就行了，猜对对方会出什么拳，你就出另一个拳压到他。你一点都不必做到知已，而且你最好不要让人猜到你的想法，而你只要随着对方出什么拳来做动作来做决定，对方就很难猜到你的想法。你要象水，要随着容器变形，你自己不能成为一个有任何形状的容器。

水最柔软，但可溶万物。这是我猜拳的诀窍。

我在猜拳比赛中的一个特点为速战速决，一般是一招制胜。

如果是与有一定程度熟悉的人猜拳，你大致已经知道他的个性为人。但即使你不熟悉，你在开赛前也要快速观察他的动作，面相，行为。动作面相行为是表，而人心和个性是本。通过种种表面，你要明白其中的根本。而且要在猜拳的过程中洞察其内心的变化。

中国有很多面相学，都是有根据的。虽有“人不可貌相”之说，其实那是相面没学到家。人的每一个经历和心理历程象滴水一样一点一点地雕刻着我们面部的每一条肌肉的纹理，显露在任何不自觉的小动作里，体现在人的精神气中。中国的面相学深不可测。我也只窥豹一斑。

《黄帝内经》里有“有诸形于内，必形于外”之说，意思是：人的身体内有了毛病，一定会在身体表面显现出来。“上医治未病，中医治欲病，末医治已病”，说的也是同一种道理。高明的医生在人的病态还未显现时，已经从他的身体表面的种种细小变化中看到他将会得怎样的病，及时给予调整使之病消弥于无形。优秀的猜拳师就类同上医，你要从对手很细微的变化中洞察先机。

个性保留谨慎的人，一般第一次出的会是剪刀，很少会出拳头，拳头是收势，有一种困景的暗示，虽然也有力量之感，但谨慎的人第一次会顾忌用它。手帕则是开势，大开大合，所以也会让保守谨慎的人感到不安全，所以也会顾忌出的。对于这种人，你一般一开始就出拳头就能一招制胜了。第二局谨慎而朴实的人还是可能更多地出剪刀，如果不出剪刀，一般就出拳头了，谨慎而心思复杂的人则可能更多会出拳头，但也可能剪刀，对此，你出个拳头还是很保险的，即使打个平手，你也仍可以在下一招中胜他，个性保守的人第二次出招一般会与第一次一样的。

而个性豪放的人，则不怕出拳头。但无论何种个性，都喜欢第一次出剪刀。所以对个性豪放的人，第一次可先出一次拳头，如果他也是拳头，也就最多打个平手。第二次他会觉得你可能会出布，他就出剪刀，你第二次再出拳头就又赢了他。如果第二次对手也是拳头，你就可以知道他不是只会绕一个弯的人，第三次他还是可能会出拳头，你直接用手帕就行了。第二局的时候，他会觉得你喜欢出拳头，所以个性豪放的的人就敢出手帕了，但第二局的第一次你就出个剪刀，一般能一招致胜了。

对于摸不清楚个性的人，你第一次就出剪刀，最多也就打个平手了。然后你再根据比赛过程中对他心理恋化及个性的揣摩，进行应对。

在对手与别人的比赛中，你一定要仔细观察他的出拳习惯，个性，心智水平，心理变化。以便当你与他比赛时，你就可以从容应对。

有了这些观察能力和读心能力，再加上比赛都是三局二胜制的，所以我至少能在三局中赢得二局而从不失手。

因为我研究人心，也喜欢剖析一些新闻事件或情感事件，完了还会写一点文章，被人认为彼有见地，所以我另有一个特殊的身份，就是写类似口叙实录推理类文章。

因为世间太多由重重虚假装扮出来的现实，而我的文章却最能接近事实的真相。受了委屈的人或者亲人不愿自己或亲人被世人误解太深，会主动来找我讲叙各种故事，企图通过我的文章让世人能了解真正的事实本相。

比如以上几个网络段子的猜拳真相的分析：对于第四种的案例，其有智慧的妻子知道丈夫其实是个难得的有情有义高尚又智慧的男人，自然不愿意自己心中的英雄被世人所唾骂，就会找上门来，跟我讲讲她与老公的平时种种故事等等，期望我能写一篇文章澄清事实，至少让世人知道另有一种更大的可能性存在。

而对于第五种分析里的案例，我则自己有兴趣来写写这个腹黑蛇行，在任何境地都能处于不败之地的女人。这种女人可以在宫中活到老死，还被众男神众星捧月地爱着，把整个天下都沦为她的风月场所，把国家兴衰败亡都成为她爱恨情仇的点缀。嬛环传，芈月传，武则天传等剧本写的就是这种女人。当然，现实生活中这样大开大合的女人位数不多，但改装版迷你版的还是不少的。对于这类人，我一般会主动递上一张名片，留下联系方式，看有没有机会约他们谈谈。

因为我的这种揭密解疑类文章，我在文学界也小有一点名气。理工科出身的读者会以看逻辑推理小说来看我的文章，而文科类出身的读者则喜欢把我的文章当作情感揭密小说看。

我的真实名字叫朱朱莉，但很多人都叫我朱朱。媒体说我是一个传奇，他们说我是情感侦破小说家，同时又是猜拳冠军，还是软件工程师。哦，对了，我还曾经学过天文。

他们都认为我是一个传奇，而只有我自己知道我每天都深陷泥淖，每天都等待一个人的出现，来帮我收拾残局，把我从混乱中拯救出去。

猜拳者永远都有一个悲剧的地方，就是你千方百计不让别人猜中你的心思，而你连自己都不是很了解自己的心思。这也意味着没有人了解你的痛苦。

猜拳者永远是一个孤独者，你永远独自面对自己的悲伤和快乐。而且因为要成为猜拳高手，你不必知已，你只要知彼。所以你能解开别人的种种故事疑问，而你无力解开发生在自己身上的心结。而你的另一个悲哀还在于，别人不知你是你成为猜拳比赛冠军的一个优势。

秘密在于此，悲哀也在于此。你总是一个人笑，也总是一个人哭。

这就是为什么我看到那篇报道后，马上对时下最热门的体操运动员莫晶莹忘恩负义状告昔日恩人案被媒体狂轰乱炸几年以至于视觉有些疲劳后，感到仍有很多东西可挖的地方。

我决心要重新调查这桩体操运动员莫晶莹状告恩人性侵案。

二

我貌似有一些追求者，他们都声称爱我。他们喜欢我笑的样子，他们说我笑起来足以颠倒众生。可是我一个人哭的时候，他们在哪里呢？我在黑暗中挣扎的时候，他们又在哪里？

二年前，我失业了，我在大学微信群里说，最近遇到工作变故，要息一下。那个群里有好些声称我就是“那些年，我们一起爱过的女孩”的那个女孩，而他们就是那些“我们”。

我一直认为我的大学四年过得很不开心。如果上帝可以让我选择把我前半生中的一部分时间删除，我会毫不犹豫地选择把整个大学四年都删除，一点痕迹都不留下。

但二十年后发现大学群里居然出现不少声称爱过我且还继续爱我的人，不禁眼界大开，深疑我们曾生活在不同的空间，而那个空间里有另一个我与他们在一起与我交错而过。

我只记得我的大学孤独，不快乐，忧郁，没人安慰。四个三百六十五天，几乎天天都是阴雨天。

但是那些人自从我在群里说因为工作变故我要息一下后，就没有一个人再来联系我，哪怕只是来象征性地安慰一下我。虽然我早就不期待真的有一个人会来安慰我，但到确实没有一个人来安慰我时，我还是悲伤的。

他们以为我过得很神气，以为要息一下只不过是不想与他们玩了的借口，是我让他们再次失恋的花招。

他们其实是爱死了这种被失恋的感觉。因为他们都已经拖家带口，被失恋意味着他们还有爱能力，还有追求能力，比出轨凄美，比出轨保险，比出轨环保低碳，不影响社会，不影响家庭，只需要付出一点点的泪水，在群里发一个5.20元的红包甚至都不用@我，在群里晒晒昨天深夜酒醉未归只因为思念一个人的滋味对他们来说更加浪漫更能感动死他们自己。

相比而言失业多么残酷没有诗情画意，多么不女神范儿，多么不传奇范儿，多么叫人难以安慰，所以这肯定只能也必须是个借口。

当我需要一碗白米饭时，那些所谓的爱恋者则在因为我拒绝与他们出去一起晒一次月亮而赋诗神伤迎风流泪。

那里面，就有声称仍然爱着我的我的初恋。

所以我对初恋的认识是与别人截然不同的。当全世界都在歌颂初恋的美好时，我却坚信初恋是可以很残酷的，甚至不带一点美感。

对我而已，被人爱的经历其实多数并不带来愉快。比如我的那次失业。我本来可以做个平凡的程序员，工程师，在一个公司默默无闻地呆上几年，甚至十几年。

当那个公司的CEO及创始人第一次与我见面时，我就知道有麻烦。我从他不知所措语无论次忸怩作态中明白，他第一次见到我就喜欢上我了。而我只想安安静静地做一份工作。

不得不说，他对我的曲意奉承最初也曾让我高兴一阵，因为我那时已经四十岁了，而公司有好几个二十几岁刚毕业工作不久的金发美女们都在围着他讨好他，讨好那个已婚男人。这让我觉得自己还是有魅力的。虚荣心小小地满足了一下。但我很快就知道即使抛开他是已婚男的现实，他绝对不是我喜欢的那类人。

他矮小，长得其实还是不错的，声音也算好听，人也很聪明。但谈吐间显出来的猥琐，影响了他的面相。脾气爆燥反复无常，眨眼间就可以把销售人员炒了。Glassdoor.com上公司的评分本来只有一分，他让员工每个人去写好评，才勉强拉到三分。

他需要让员工对他表示绝对尊敬才行。可以上午刚刚宣布公司前景远大，下午就把员工炒了。相比而言，他对工程师还算比较尊重的，至少很少炒工程师。而销售人员走人就象走马灯似的，能呆上一年已经算是老销售员了。

而且他很小气，对员工粗鲁挑刺，对员工的工作时间很苛刻。一个项目如果提早完成了，他会认为很正常，是一句表扬的话都没有的。但如果没能按时完成，他就会认为你在偷懒。他会咆哮着当着众人的面批评你。

他把销售人员的业绩都算到自己身上，对我吹牛说他有多了不起，公司 90%的业务都是他拿到的。当销售人员的前期联系已经完成，快签合同时，他就把人给炒了，然后自己去跟人签合同，这样他就不用付销售人员的提成了，也把人家的业绩拿来了。

他曾在一个海外中文网站发过一篇文章，并被放上了首页。虽然他隐藏并改变了各种细节，我一看还是知道是他写的。他说他听到我的声音就心跳加快，一看到我与别人说话就嫉妒，我如果对他微笑，他能开心一整天，如果我对他有些冷淡，他就一整天心情低落。但他又不想破坏自己的家庭和我的家庭，问网友怎么办。跟贴里有诸如：四十岁已经很老了，看来她很有魅力。有劝他：千万要忍住了，兄弟我就是这么过来的。也有劝他把我炒了：炒了，眼不见为净，天下何处无芳草。也有人嘲笑他：看来老兄你恋爱经验太少了，不就一块新鲜肉吗？等下一块新鲜肉进来你就会转移目标了等等。

当然我如果能圆滑一点也能好些，我想他是慢慢地从我的眼神中读出了我对他并无好感。然而他依然在做努力，比如依然找借口来我这儿吹牛，变着法儿夸我，请我及几个人一起出去吃中饭等等。

不过那根稻草终于被一个偶然事件打破。

那天早上上班，我象原来一样去老地方泊车，发现那儿在维修场地，要求我们泊到别处去。我于是泊到另外一个位置。我下车，目不斜视直接朝办公楼走去。在我的车位旁边刚好也来泊另一个车子，恍惚间似乎里面有人在朝我挥手，我也未理会。开了办公楼大门，扭头间，好象后面有个人疾走而来，也未在意，随手关上门，进电梯，出电梯，再进公司的门，等我关上公司的门去厨房放午饭盒时，这才察觉不对劲。因为我还未放完便当，公司又进来一个人，我扭头一看，就是那个 CEO，脸色很难看。

我想这下要惨了，他打招呼我未理他，进大门未等他，进电梯未等他，进公司门又未等他。他可不会想到我根本没看清在车上的那个人是谁，而且我向来走路就是这种如入无人之境，对周围发生的一切很少加以关注——一个孤独者的通病，而肯定以为我是存心一次又一次地冷落了他。

然后那天下午我就被解雇了，说是公司遇到财务困难，需要裁人。他没有理由直接炒我，因为我在工作上的表现可圈可点没有什么过错。

表面上的事实是我因为公司遇到财务困难被解雇，而实际上的事实，则只有隐藏在我与他的心里。

从这个例子，你也可能看出爱情是多么虚无的东西。你可以在一眼间爱上一个人，你也可以在一眼间恨上一个人。

爱则百般讨好，恨则马上解雇。

我很快找到了新工作，但新工作找得太仓促太将就，不是自己喜欢的，不到一年又很快辞职了。

我想人都需要有活下去的动力，有的人活着的动力是现世的安稳，有的人的动力是美食，有的人的动力是旅游，有的人的动力是性，有的人的动力是谈一场又一场的恋爱，有的人的动力是出名，有的人的动力是要得利。

而我的动力就是揭开那些被隐藏了的东西。

这个世界太多明显的事实其实不是事实，进一步挖掘的事实还依然不是事实的事情。所以尽管我的内心经常被黑暗包围，我还能靠这个动力活到现在。它是我的果，也成为我的因。

那是一篇多年前的报道，这报道在今天早就不被人关注，就连报社自己在报道体操运动员莫晶莹的状告恩人性侵案时，也不再记得自己以前的报道了。报道说“中国体操协会主席张天健‘对天发誓’说，当时在场的只有中国队教练，没有其他国家的教练”。

而最新的报道是十五年后视频找到，文章是为了证明没人撤垫子。虽然只能看到一篇分析文章及几个截图，没有实际的视频，但仍然可以清楚地看到，罗马尼亚教练就站在垫子旁边，最后也是他第一个施救的。这证明多年前的报道“只有中国队教练，没有其它国家教练”的“对天发誓”是多么不靠谱。

三

事实上，我看到这篇报道时，觉得它是一个引入点，说明有人在说谎。截图至少说明一点：莫晶莹是有被干扰的客观性存在的。而在场的人在视频截图来看，最近的就是那个罗马尼亚教练。

分析文章是一个外国人写的，他一定不了解多年前被中国报道的那些新闻里说在场的只有中国教练这么回事。另外，媒体也健忘，或者说不敬业，即使同一报社的，都没去翻自己多年前的报道。连莫晶莹自己都没有搜这些过时的新闻。只是网络技术，搜索引擎，历史记录忠实地记录了以前的相关报道。而让一个网站开发人员同时也是一个猜拳高手关注到了。

即使没有撤垫子，但如果某位外国教练的某个动作让莫晶莹引起可能要撤垫子的想法，这在体操动作上也一定造成干扰。而这个小小的干扰可能造成动作上的不完美，结果直接造成严重后果：胸部以下瘫痪。

这让我有理由相信在整个案件中，双方或多方都有说谎，而且说了不至一点点谎。

虽然整个事件几乎已经落幕，莫晶莹作为忘恩负义的代表被网民媒体各种唾骂。但就象上面说的那个网络段子猜拳案一样，公众的智商一般都只会停留在第一种看上去很明显的可能性中。而真相却可能隐藏在其它四种甚至更多种中。

我说过，这只是一个切入点，我只是敏感地察觉如果在一个案件的一个环节里有谎言的话，很可能在各个环节里都有谎言。

说实话，我对造成莫晶莹瘫痪的真相并不是很感兴趣，我关心的是后来发生的事，即莫晶莹状告恩人的性侵案。这也是莫晶莹被网民及媒体最诟病的地方。

这里有必要把莫晶莹简单介绍一下：

莫晶莹，浙江宁波人，原中国女子体操队队员， 十五年前，参加美国某运动会的练习中不慎受伤，造成颈椎骨折，胸部以下高位截瘫。其后，她在于凤因夫妇的美国家中住了 10 个月的时间。10 个月后，伤情基本稳定的莫晶莹回到祖国。莫晶莹，曾在十年前担当香港某电台体育频道主持人。四年前，莫晶莹状告于凤因的儿子赵林韦及于凤因的老公性侵及向其它诸如保险公司，电视台等机构多项巨额索赔诉讼。去年，产下一女，母女平安。

恩将仇报在民间是一个非常大的罪行。

几千年儒教佛教都教育我们要学会报恩，要学会感恩。我们有太多报恩的故事，比如河蚌演化成姑娘趁救她的小伙去劳动时在家里为他做饭做菜打扫卫生。有许仙救了一白一青两条蛇，后来白蛇化作女人来报恩嫁给许仙。佛教有一部《太上感应篇》，上面好多人，小动物或妖魔鬼怪被救来报恩的故事。

我们有一句话叫“滴水之恩，当涌泉相报”。一滴水的恩，都要用一个泉水那么大量的水来报答。而莫晶莹不光不报，还以仇相报。这是在中国文化里绝对不可容忍的。也难怪网友媒体群起而轰之。

施恩也要看对象。我们不多的以怨报德的故事包括《农夫和蛇》，故事是说，做人一定要分清善恶，只能把援助之手伸向善良的人。对那些恶人即使仁至义尽，他们的本性也是不会改变的。

莫晶莹被认为是那个《农夫和蛇》里的蛇，那个恶人。

莫晶莹冒天下之大不韪，告恩人于凤因的儿子赵林韦和于凤因的老公性侵，这宗罪名可以说是对恩人的打击最大的。于凤因家庭从商，商人不怕赔钱，但却怕名誉被毁，而名誉被毁应以莫晶莹的性侵诉讼为最。

我第一个反应是：这个女人太心黑且愚蠢。可莫晶莹成名多年，心黑不黑虽然一时看不出来——人心总是难测的。但愚蠢不愚蠢还是能够看得到的，莫晶莹绝对不是一个愚蠢的人。怎么会干出这般愚蠢的事？

况且，莫晶莹是宁波人，是我的老乡。

不了解宁波人，就不会了解莫晶莹。回顾历史，宁波人是一群很特殊的人。宁波人的名人涵盖了中国最优秀的那一拨人。不去说那些远的，近期的就有：蒋介石，金庸，马友友，王家卫，倪匡，三毛，包玉刚，屠呦呦，童弟周，沙孟海……

不说那些有名的。

一个普通的宁波人从小长大，都要学会看眼色，不会看眼色，本身就被认为是一大罪名。要想不被父母挨打挨骂，不会看眼色怎么行？小时被挨骂最多的一句话就是：“眼色也不会看看”。

我察言观色的能力就是这样从小培养出来的。

另外，宁波人做生意特别讲诚信。宁波商人在全国都是出名的有诚信，他们信奉我好你也一定要好，我赚钱你也一定要赚钱，甚至为了长期合作关系可以暂时吃点小亏。宁波人还特别要面子。但也注意给别人留面子。

象莫晶莹这种在全国甚至全世界面前撕破脸的做法，实在是属于非常另类的做法。

小时候，如果有人来家告状，那怕我们一点都没做错事，父母肯定也只是批评我们的，而不会批评对方。小时候因此对父母特别不满意，因为觉得父母不保护自己孩子，反而保护别人的孩子。大了，才知道严以律已克已复礼的习惯就是这么一点点养成的。别人做得对不对，父母没权利批评，但既然有纷争找上门来肯定有我们不对的地方。而且小争执不是什么大事体，在小事体上退让其实也是一种保护子女的方式。

不是到特别生死关头，宁波人一般做不出过河拆桥，损人利已这等事情来的。我们从小的教育就是克已自律，而且要会看人眼色。

当然我是从普遍意义上来说的。我不是说宁波人就没有败类了。宁波人当然也有败类。比如弗吉尼亚技术大学的那个男孩杀女朋友案，那个男孩也是我们宁波人。这在当时也引起我很大的吃惊。所以看到莫晶莹做出这种忘恩负义的事来，我感到非常吃惊。

她是公众人物，又是从小受克制自律教育成长的，知道看人眼色，却做出这种让全国上下群起而轰之的事来，里面是否有更深的未被揭开的缘由？这激发我起我的好奇心来。

而我也知道，凭着对这个事件的调查，我生活的动力又上来了。

那阵子，我辞职做了个自由工作者，帮大公司做点开发项目。时间很自由。但我感觉到了中年危机，如果生命能活八十四岁的话，我的人生突然走到生命的中点，前顾四茫茫，后顾茫茫然，真的有点踯躅难前的感觉。

四十二岁一定是人生的一个分界线。

我以前有一个师兄，非常有才，当我们还在为工作为出国苦苦挣扎时，他已经在我们羡慕的目光中去加州大学伯克利分校做博士后了。

谁都认为他会有很远大的前程。但他在四十二岁时自杀了。

他是我接近的人中第一个自杀的人。我对此充满了很深的悲伤。很想搞明白他是到底为何一步步走上自杀这条不归路的。

他曾经与我是同一个天文小组的成员，我们那个小组的任务是找超新星。他叫马非西。是小组最重要的成员。也是中国超新星搜索小组甚至是整个世界超新星搜索小组的明星。而我不过是个普通的研究生，处理一下找到的超新星光谱随时间推延而变化的分析。

那时的他风华正茂，意气奋发，有一个很漂亮的女朋友。

那时象我这样年轻无知没有生活阅历的小研究生员根本是不入他的法眼的，在他眼里几乎等同于小朋友。

现在想起来，那段日子一定是他最辉煌的岁月。

他自尊心很强。我记得有一次某国家领导人以私人名义去国家天文台的兴隆观察站访问，同组的师兄被叫去做演示，也一起与那个国家领导人合了影，而没人把他请去。因为保安需要，我们当时在兴隆的人等是不被允许进入到那几个圆顶观察站里面去的。但我们都无所谓，反而拿那事大开玩笑。因为当晚不用去圆顶里值班，多出一个悠闲浪漫满天星光的晚上。而他却非常不高兴。那时我很不理解他，这有什么，不就是没能和那个国家领导人出现在同一张照片上吗？

因为他，中国的超新星搜索一直走在世界的前列。后来，美国在超新星搜索领域超过了中国，那是因为加州大学伯克利分校把他挖了去，马非西跑到美国去了。

后来，与我一起上学的六个研究生除了一个还在台里搞天文，其余五个也都跑到美国来了，谁也没有再搞天文。我们全部走入了柴米油盐人间烟火的生活轨道，结婚生子，都转成读最好挣钱的专业：计算机，电子工程，统计等。后来都成了电子工程师，程序员，统计师等高薪职位的芸芸众生。

而他还在坚持自己的理想，一直都在伯克利做博士后，研究超新星。可这么一个坚持自己的理想的人最后却丢下我们，独自走了。而且是自杀的。

有时候，我想一个人是怎么可能走到自杀这条路上的。但我二年前那次裁员后的体验，就让我小小地体会到了一个人的心态是如何可以慢慢地逐渐地发生变化的。

先是忧郁，然后是越来越忧郁，然后情绪越来越黑暗。越黑暗，越不能靠自己的力量自拔。最后一点都看不到活下去的动力，就象进入了一个隧道，不知道何时能见到出口，只有黑暗是真实的。只有死路一条是清晰的。

我曾化了一点时间，研究了一下他自杀前的那段人生轨迹：

在自杀前，他去他的母校天文系做过讲座。那个天文系的系主任我也认识，也曾是我的师兄，我们曾跟过同一个导师。象我们绝大数人一样那个系主任也是混学术混过来的。马非西应该与他是同学。混学术的人做了系主任，做研究的人拿了混学术人拨出的经费去母亲做演讲，并受到混学术的人也是昔日的同学接见。人与人之间的差距突然变得很明显。虽然在中国这是大家都已经习以为常的现状，但这一定在马非西的心里留下了一个很大的阴影。

在自杀前，马非西的父亲去世了。而马非西做为儿子远在美国没能在父亲身边尽孝。这又在他的心里留下很大的愧疚。

马非西曾在他们村的光荣，是他们村第一个考上大学的人。可是后来中国经济发展一日千里，中国到处都在大发展。而相对，在美国的马非西状况却并不好。在奔丧过程中，家乡的变化一定对他有很大的刺激。

他的怀念网站的照片显示他美国家里的环境并不好，我怀疑他那时在美国都还没有能拥有自己的房子。而即使回去中国，他那时在中国也买不起自己的房子。那个昔日的全村的光荣不能再给自己的村里带来光荣，甚至不能给自己的家庭带来什么光荣，连自己的工作生活都是种种问题。这一定又是把他拖入黑暗的一个原因。

在美国搞纯研究是挣不到钱的，博士后在美国是廉价劳动力的象征。而他最终都没有能从博士后转成正式研究人员。而且中国人要在美国立足，要拿到绿卡还要经过种种关卡，远比本地美国人艰辛得多，所谓洋插队指的就是这个。

他的漂亮老婆关键时刻也不能发挥象刘涛一样挺身救夫这样的剧情反转。而他心里肯定也很内疚他没能给予老婆和女儿一个幸福安稳的家。

而人生"哗"的一声已到了四十二岁。昔日的骄傲和光荣再未重现。

他受不了生活给予的无尽头的挫折，看到了上半辈子的失败，看不到下半辈子的方向，于是失去了生活下去的动力。

我很遗憾他在人生的中央徘徊时刻没能见到一丝光明，没有一个人的出现把他救了，而相反，那个时期发生的人和事都在把他推向黑暗。

我是在他死后大半年后才知道消息的，不过即使早知道也没有用，象他那么自尊心很强的人是不会让人家知道他承受的失败和挫折的。

人一定要有向前的动力，一定不能被黑暗淹没。越是在黑暗中越是要见到光明。所以对这个性侵案件调查的兴趣，变成了我生活的重心和动力。

我搜集了有关的种种新闻，彻夜阅读，作笔记。找出种种珠丝网迹。

我决定要联系三个人，一个人是莫晶莹，一个人是赵林韦，另一个人是赵林韦的妈妈于凤因。

首先要联系的人是莫晶莹，她是案件发起人，也是我老乡，案子实情其实她心里最清楚。但无论我怎么与莫晶莹联系，她都不回复。

这不由让我开始怀疑最终的事实版本可能就是公众眼里的那个版本。

因为根据我的经验，如果真有怨情需要公布于众的，对我的主动邀请一般会反应比较热情。 好些人甚至是主动与我联系。而且因为我目前有了一点点的名气，主动来联系的实在太多，以至于我得需要预先甄别，才能腾出足够的时间来调查那些我感兴趣的事件。

当然也有可能是她对我的能力不相信，或者她并不了解我。于是找了一个宁波老乡群里一个不是老乡的朋友林烈峰去做说客。甚至特意让他介绍我时要提及我也是莫晶莹的宁波老乡。

有一种人，你几乎可以在任何一个微信群里见到他，即使是不属于他的群。这种人见多识广，好象认识世界上所有的人，总在群里发最新的新闻，最新的笑话，最能调节气氛。难得的是，人还是一个很单纯直爽的人，人人都知道他没有存什么坏心眼，所以反而能办得成种种措手的事。

林烈峰就是这么一个人。他是北京人，但他也照样进入了宁波老乡群。理由是他的一个表兄的老婆是宁波人。他恰恰又是莫晶莹的一个难得的媒体朋友。

然而林烈峰的回复却是：莫晶莹说，过去的就让它过去了，她也累了，也不想与媒体继续为敌，当前的生活重心就放在照顾孩子的身上。所受的委屈，也不想再提。

事情发展出乎意料。莫晶莹全面撤退，不愿接受我的采访。

我觉得事情处于停滞状态，思忖还要不要给赵林韦和赵林韦的妈妈于凤因发个采访邀请。但想到他们两者接受采访的可能性可能更小，因为事情的发展公众的支持到现在已经全面有利于于凤因家。更何况于凤因最近刚发了一封公开信，表示不恨莫晶莹，但缘份已尽这样一封合乎情合乎理的信。

对他们来说，这已经是个够好的结局。如果再进一步借我之口批判莫晶莹，就显得不够仁慈。而让案情有不同于公众见识的挖掘，也是他们不想看到的。

正在一筹莫展的时候，想不到却是赵林韦通过宋文斌来联系我，说要从香港过来华盛顿来见我，谈谈这件举国瞩目的莫晶莹状告赵林韦性侵事件。

四

我是在一个偶然的场合在华盛顿的投资群认识宋文斌的。

那时，我刚使用微信不久，被拉入那个投资群是因为一个农场合作项目。我那时对拥有一个自己的农场很感兴趣，但一个人没有那么大的实力来投资一个农场。所以想着与人合作也是好的。

进入投资群后还想随带宣传一下自己开发的网站。所以入群不久，便把整个投资群里的人都加了一个遍。因为我与他们绝大部分的人都不熟，加人被拒的顾虑就比较小。他就是那么随意地加到我的朋友圈的。

我内向自闭，一旦等与人比较熟悉，再加人朋友，就会害怕被拒绝。

我曾经在一个数学群碰到一个偶像老乡，偶像是科大出来的学霸，姓胡，来美国后在 MIT 拿奖无数，毕业后好些大公司都高薪聘请他做工程师。但偶像后来还是很快转做房地产投资，三十几岁就退休去做全职奶爸了。

天子呼来不上船，自称臣是酒中仙。偶像就是过得如此潇洒。

数学群里国手如云，有好些当年参加过国际奥林匹克赛得过金银铜牌的人。但偶像一点都不怵，虽然他读的是物理，做数学题甚至连那些奥数国手都做不过他的。听说他在科大时，就有同学因为他太学霸而感到生无可恋出家了，也有同学因为他从此不再读物理转去读哲学系了。

杨梅熟时，我们都在群里谈梅止渴，一时把数学群变成了吃货群。偶像说光谈却吃不到有什么意思，马上打个飞的，从美国回慈溪去吃杨梅了。这个潇洒的劲儿比起我的另一个偶像梁朝伟也差不到哪里去啊：梁朝伟有时闲着闷了，会临时中午去机场，随便赶上哪班就搭上哪班机，比如飞到伦敦，独自蹲在广场上喂一下午鸽子，不发一语，当晚再飞回香港，当没事发生过。

梁朝伟的段子听说不是真的，而偶像打飞的吃杨梅却是真的。

偶像还对老婆好，坐飞机都让老婆女儿坐头等舱，自己和儿子则把庞大的身躯缩在经济舱里。 而且在目前彩旗飘飘红旗不倒的大环境下，偶像坚持有且只能有一个老婆。以至被一个网上才女称之为冷落三千宫黛只爱老婆独孤氏的杨坚。

这么一个偶像，在群里慢慢熟悉了以后，几翻犹豫想加他，总怕被拒，后来再想加他就没有机会了，因为他退群了。

那次经验后，我在群里想加人就在人还不认识我的时候加，愿意接受的就接受了，不愿意接受的也无所谓被不被拒，反正大家都不熟。

那个投资群里的人绝大多数都生活在华盛顿地区，素质普遍较高，多数人也都积累了一点小钱有几套房产。身价千万的也有几个。更大的富豪就没有了。好些都有国内国外名校的双重文凭。构成这个群的国内毕业院校可以认为只有四所：北大，清华，科大和其它。

宋文斌是北大毕业的，与我同龄。华盛顿地区的房产开发商，以前做过金融，也做过工程，已婚。

加了后很久，在群里一起抢过红包，讨论过房产开发问题，投资项目，甚至码工技术问题，但从没有私聊过。

记得最早在群里与他聊，是因为那个华盛顿效区农场的投资项目。群里很多有投资眼光的人自然对这个项目表示怀疑，比如：靠什么赢利，如何经营，如何发展，能不能挣钱，能不能持久，雇人干农活还是自己干农活等等。

只有宋文斌说，一个项目不能只看赢利，人生不是赚多少钱，人生最重要的是快乐，你看那些墨西哥移民过来的，都没什么钱，但个个都过得很快乐，这种快乐是多少钱都买不来的。

看他的发言，有一种异样的感觉。当然首先是因为我认同他所说的。另外，他长得帅气。色相，有时候还真的挺重要的。但更主要的是，我敏感地感觉到，他说这话好象是故意说给我听的。

我们一直未曾私聊。

而那个农场投资项目最后也黄了。人一多，合作就会产生各种杂音。本来的初衷就是为了快乐才想投资农场的。既然最后搞得大家不快乐，何必再合作。

直到有一天，我发现一条他给我发的微信“我有把握猜拳赢你，要不要接受这个挑战?”

我加入投资群时很小心地隐藏了自己的身份，仅以普通码工和对农场感兴趣者的身份出面，毕竟我只对那个农场项目感兴趣及只想宣传我自己开发的网站而已。他怎么知道我是猜拳冠军这件事？

其实不用问我也应该知道了，除了林烈峰不会是谁了。

那个林烈峰无处不在，我说过他不是我的老乡却出现在我的老乡群。而他也不在华盛顿地区却也出现在那个华盛顿地区的投资群。他甚至也出现在我上面提到的数学群。他好象认识世界上所有的人。人是好人，但偶然也大嘴巴。

就这样，我与他开始偶有私聊。内容都是关于猜拳。我不愿见人，也不愿被挑战，但如果真要与人进行猜拳比赛，我一定要见到那个人，在比赛前及比赛中充分观察那个人，洞察他的个性及内心变化才可能赢他。

难道他不知道我到目前为止从未败绩？却那么自信地说："肯定能赢你"。 或者他只是想见我一面找个借口？但这又激发我的好奇心，想看看他到底是怎么样的一个人。

他发在微信朋友圈里的照片都比较有男性气质，大多是运动照：在打球，在射击，在跑步，在秀肌肉。如果不是他也发些投资项目，发些房屋的建筑照片，可能人家会误以为他是运动员而不是房产建筑商。而且比之他的实际年龄，照片上的他看上去年轻很多。男人四十几岁是一支花，好象真的就是这么一回事。但照片是一回事，真人又是另一回事。见光死的事情我也见得多了。

我是在我家附近的中餐馆中文名叫"小金华"英文名叫"Michael' s Noodle"与宋文斌见面的。

那家餐馆是我做自由工作者后的食堂，我几乎每天都去吃中午和晚饭。餐馆的老板都认识我了，哪天要是不去，第二天再去时，老板还会过来惦记一下怎么昨天未过来啊什么的。

餐馆有江浙的特色菜比如雪菜年糕汤，糯米团之类，也有过桥米线，小锅米线等云南的特色菜。都是我爱吃的。另一个原因是，那家餐馆是我走路可到的。天气暖和不下雨的日子，我喜欢走着去走着回，路上还可以构想一些我想写的文章。

还有就是这个中餐馆不象美国的绝大多数中餐馆装修简陋而且没有包间，Michael’s Noodle不光装修得很精美有风格，而且有包间。只要没有被预定，不管你是几个人都可以要求去里面吃。我都曾经一个人去包间吃过好几次，当我不想被打扰的时候。

我与宋文斌就是在里面的一个包间见的面。

“怎么感觉我好象很久以前就见过你了？”这是他的第一句话。听上去象足熟烂了的恭维，声音却是很诚恳的。

他的声音很好听。

幸亏声音很好听。我心里暗暗想。

不好听又怎样？自己问了自己一句，但却没有得到回答。

想起来，我喜欢男人的声音好象多过男人的貌。

我的前夫声音就很好听，也是那种浑厚的男中音。离婚后我有时还会想起他的声音。

还记得我初恋失败后，我就开始怀上失眠症，每天要到三四点钟才能睡着觉，然后早上醒来后昏昏沉沉，每天疲惫不堪。但自从认识我的前夫后，只要睡在他的身边，听着他的呼吸声，不到五分钟我就能安然入睡。

我很怀念我与他最初相识的几年。虽然后来我们越走越远，越来越陌生，但最初的他曾经给过我安全和保护的感觉。

我的前夫是个很优秀的工程师。当目前为止，我还没有见过比他更优秀的。他在美国一家高科技公司每年都是最佳工程师。工程好象就是他的基因。

他动手能力也很强，家里的电器及装修都是他自己做的。

而且前夫也是我所知道的物理原理学得最好的。现实生活中，没有他不能解释清楚物理原理的地方。好些要用到物理的地方，他信手拿来，指指点点就解决了。即使现在，随便给他一道物理题，如果他不能解出来，别人几乎肯定是解不出来的。连我的那位很带传奇色彩的老乡偶像做物理题都是做不过他的。

但前夫有一个习惯，就是买很多东西，而且都是买最便宜那档次的。而且如果看到一件东西足够便宜，他会不管有没有用也会把它买下来。

我慢慢地觉得他其实也是这样对我的，在他眼里，我一定也是他以很便宜的价格买到手的：貌美，好养，不应酬，不出轨，还挣高工资。

即使这样，如果我不小心打翻一样哪怕只值几美元的东西，他都要抱怨上好一阵。如果我的手碰到一个东西碰破了，他关心的是东西是不是碰坏了，而不是我的手是不是在流血。我的车子与人撞了，他先关心的是车子撞得怎么样了，而不是我有没有受伤。

有一阵，我每天早起给他榨一杯蔬果汁。但他指责我这样榨汁是浪费蔬菜，喝了一星期就宣布不再喝蔬果汁。他看不到我榨蔬果汁的辛苦和用心，只是心痛那些没有被吃到肚里的蔬菜水果余渣。然后我伤心地想到，与他结婚十几年，他还从来没有说过让我早上多睡一会儿，他来起个早给我们做一次早餐。

聊了一会，我对宋文斌的个性有个初步了解：聪明，决断，又不缺谨慎。对于这种高智商的对手，第一招应该出什么呢？我正思忖着，却见他拿出一个小记事本，撕下三张纸，在每张纸上分别写上“剪刀”，“石头”，“布”，又一张张叠了起来。

我恍然大悟，太聪明了，他知道我可能会揣摩他的心思，他干脆不给自己动心思的机会，直接掷骰子来决定。这样无论如何，他都有百分之五十的机率能赢。说是肯定能赢是夸张了点，但运气好的话，说不定也就赢我了。

不过他还是输了。

他不服气，要多猜几场。概率嘛，总是要多几次才能产生。因为我喜欢见到他，喜欢这个人的声音，所以陪着他玩了十场，每场我都是以二局完胜。

“不可能，理论上概率上无论如何解释不通。”他疑惑地看着我，好象我有巫术似的。

“这个世界从来都不是概率的世界。”我微笑地说。

如果这个世界是概率世界，就没有佛教上说的因果报应了，也没有什么趋吉避凶之说。也就不用求神拜佛。宗教将失去很大一块市场。

就象魔术师永远不会告诉观众里面的种种伎俩。我自然也不会告诉他里面的奥妙。

我们真正的猜拳比赛虽然在比赛前会握手，互相介绍等（也是我摸清选手个性的一个时机），但真正出拳是背对背的，以免出手的动作快慢影响比赛结果。我与他的比赛则是面对面的。我每次出手都会比他慢非常难以察觉的一点点。因为他严格根据抽到的纸上写的进行，所以他出手前会有一个手的动作准备过程，一般人自然看不出里面的门道，但一切表象都来自于本象。通过他手上动作的一丝丝不同，我则能猜出他要出的是什么拳。

靠判断对方的动作来做相应的动作，一招制胜率是百分之一百。我即使与人面对面的比赛中一般也是不用的。这种技能类似于作弊。而且因为我是靠判断对手的动作来决定动作，这样我的动作可能会出得比人慢一点点。这也不符合我追求完美的强迫症个性。

但对于宋文斌这样不给我揣摩心思的机会，严格根据概率来的，我有时也会用到这个技巧。

那次比赛完后，他彻底认输，再也不提要跟我猜拳比赛的事。但他发我的微信越来越多。内容也越来越泛，甚至谈谈他的房产开发项目遇到的困难啊什么的。

我当然知道为什么。

就象我猜拳时经常一招制胜一样，我与异性的第一次见面，也经常能敏感地感受到这种一见钟情的现象。

猜拳的本领人家都说是我的天赋，我不否认我从小敏感，可以说有一定的天赋成份存在，但更多的其实可以说是作为一个宁波人从小就看父母眼色培养起来的。

但这种被一见钟情的现象不知算是我的天赋，还是也是长期培养而成的？或者是两者都有之？其实我也没搞清楚。

不过，有一点可以肯定：色相，一定在一见钟情中起着不可抹杀的作用。

我深知象我这样的离婚单身女，是人家安稳家庭的危险品，所以我很少去参加别人的家庭聚会。就算我自己不知道这点，人家敏感的妻子也很快会让我知道这点。

所以我一般只会收到一次去人家家里的家庭聚会邀请。一次聚会足够让敏感聪明的妻子知道此事必须下不为例以此为界。

而我后来也自知之明到很少接受人家的家庭聚会的邀请。

有时我想，人都说爱情象个鬼，听说的人多见到的人少。为什么我见到那么多所谓的爱情，却见不到爱情的伟大之处。

再多的爱情也没有人把我救出混乱。反而把我原来可以拥有的稳定生活，工作都变得杂乱无章毫无规律。

爱情对我来说不过就象饿着肚子去看一场场的焰火，我能看到焰火升空时的灿烂。更能看到烟灰陨落时的落寂。灿烂得短促，落寂得久长。然后我还得一个人出去找食吃。

对我来说，英雄倒更象是个鬼，听到的多，却从来没见过。所谓英雄救美难道真的只是一个流转于民间的传说。

又是一个已婚男。我心里想。我可不想被“小三”，没事在大街上被原配追着打并不好玩。也没本事贡献一个打电话骚扰原配说一些让她识趣让位之类的悍妇桥段。即使不会有这些极端的事发生，“小三”二字本身就是一个很不光彩带着屈辱的名词。

“易得无价宝，难得一心人”，而对我来言，两样都得不到。

但跟一个聪明人聊天是一件爽心悦事。于是我假装什么事情也没发现一样——就象他假装什么事情也没发生一样，也会对他说说我在做的事情。

宋文斌说有什么需要帮忙的就去找他，他一定会尽全力帮助我。

声称爱上我的人很多，但能够给我这种承诺的人极少极少。

嗯，很久前有过一个，不过那时我太年轻，又自惭形秽，觉得配不上他，就从来都没去找他。

就这样错过了。不知他现在在哪里，过得可好？

再次听得又有一个人给我这种承诺，我很是有些感动的，但还是没有去找过他。现在倒是不年轻了，但却已经被教育成：天下没有掉下来的馅饼，吃人嘴短，拿人手软，欠下的人情要还清不容易。

人生到处都是陷井，不得不提防着小心行事，少欠人情。

不过，宋文斌倒是还是设法主动帮了我一下。这就是为什么赵林韦通过宋文斌来联系我说要从香港过来华盛顿来见我，谈谈这件举国瞩目莫晶莹告赵林韦性侵事件。

当然最初我一直没搞清楚是宋文斌先联系的赵林韦，还是赵林韦先联系的宋文斌。

我是要到后来才知道赵林韦的老婆是宋文斌曾经的同学。靠着这层关系，宋文斌联系上赵林韦的。

于是就约定在赵林韦他母亲于凤因的家与他见面。

他母亲的家原来在纽约，因为这场官司风波，倍觉身心疲惫。心生退意，搬了家，把家安在了华盛顿效区的波多马克(Potomac)，这个传统的富人区。

约定在那里与他见面，我还有另一个心思，就是可能有机会碰到他的母亲，我隐约觉得这件事与他的母亲也有很大的关系。

五

没想到那次我竟没能见到赵林韦。

那是一个波多马克很漂亮的小区。每家每户都有大概一二英亩的地，豪华别墅，各种式样，有维多利亚式的，殖民式的，地中海式的，也有现代式。花草树木和草坪都修整得非常整齐。已是晚秋，树叶已经转黄。柏油马路很宽。松鼠，白尾鹿，野鸭随处可见，鸟儿鸣叫。车子开在这宁静的马路上，有一种心旷神怡的感觉。

我曾经跟前夫说，我想在那儿买一幢别墅。

前夫说，凭我们目前的收入怎么可能买得起那儿的别墅。我说："一切皆有可能，只要我们有这个梦想，并朝着这个梦想努力，一定会实现的。"

没想到我这么正能量的话，反而引来前夫一顿奚落，说我异想天开，想住这种房子的话，得看我有没有本事去傍上个富翁，他是没本事给我这种待遇的等等。

而他经常给我提到的梦想就是等我们老了，把我们的房子卖了住到一个小公寓去，然后开个房车去到处旅游，连酒店的钱也省下了。不能说他的梦想太现实，也不能说他的梦想不够美好，只能说，我们两人一直各自走在不同的路上。然后，越走越远。

赵林韦他们的房子在那个小区的一条支路的中间，殖民式的，在众多漂亮的房子中间倒是并不显得很起眼。

来开门的是赵林韦的妈妈于凤因。

不过她一见到我，立刻眼神放出一种犀利的警惕，以一种并不友好的口气说："你有什么事？"

"我找赵林韦，我们约好了十点在这里见面。"

"你不是那个经常写人家感情纠纷的那个人吗？"没想到于凤因认出我来了。

"如果你要那么说也没错，不过，我其实是写事情真相的那个人。我约好与赵林韦谈谈莫晶莹的诉讼案。"

"没什么可谈的，案子已经了结，新闻都报道了。你走吧。"她竟然下了逐客令。

"我已经与赵林韦约好了。"

"约好了也没有用，我不会让他见你的。"于凤因淡淡地说。

我盯着她看了一会。当年媒体报道里这位争强好胜，聪明美丽的女人在媒体里几年不见再见时发现已经老了，脸上皱纹丛生。而且没有因为老了而变得慈祥一点，反而显到几分刻薄。也失去了往昔的自信，但那份残存的优雅还立在那儿，就象这个晚秋时节的树叶还挂在树上一样。

我想了想，缓缓地说："如果你当年同意莫晶莹和你儿子谈恋爱，你今日不是名和利都得到了？怎么可能会发生现在这般事端？看似最终在舆论上算是取胜了，只有你自己知道，一家人被这件事搞得遍体鳞伤，至今都无法恢复，只能依仗神的力量得到些许安宁。"

于凤因没想到我突然说这个。她被噎得脸变得通红。突然爆发："莫晶莹这么一个忘恩负义狼心狗肺的人，我当年没同意莫晶莹与我儿子谈恋爱，算是做得太对了！"

看来我的推测对了。

都说母爱如山，可惜母爱其实很多时候也是很自私，很有杀伤力的。

"年轻人相爱，谈个恋爱有什么啊？也不一定最后就嫁了你儿子。何必十个月就把人匆匆赶回国，以后十来年都限制他们再相见，直到你儿子娶妻生子。 这种事真不象是有知识有文化的人做得出来的啊。"我尽量轻描淡写地说。

"你不是当事人，当然说得轻巧！万一嫁了呢？我怎么能坐着等着看烟火燎然起来。我是一个母亲，我是不会眼睁睁看到我这么优秀的儿子娶了一个终身残疾的人！"

"就是嫁了，也是人家自由啊，这可是婚姻自由的时代，而且在民主国家。你在美国呆了这么几十年，观念怎么还那么老旧？哦，当年这么一个优秀的运动员，在你眼里其实也就只是一个终身残疾人的形象？那你对媒体自称母女，称莫晶莹伟大什么的不是都是虚伪的？美国提倡平等，不兴歧视。可你这话明显就是歧视人家残疾人。再说，残疾又怎么了，你看人家现在不是照样嫁了人，生了子。"

"我们全家悉心照料她，对她仁至义尽，做到了我们所能做到的一切。我们没有做错什么，为什么她到头来反而这样来回报我，想要拐跑我的儿子？"

"是你的儿子先爱上人家的好吗？"我很有把握地继续猜

测。

“爱，那么重要吗？你看林韦最后娶的老婆难道不是他自己追的，难道不是他爱的？爱是会变的。你知道林韦现在有多么恨她，他那么清白善良的人平空遭遇这种污辱，一辈子心里都有个阴影。我这辈子都不打算原谅莫晶莹。”

“你既然这么低看人家，当初又何必到处拿她的名头宣扬自己。这么说吧，如果不是莫晶莹，这个世界根本不知道有你的存在，也不会知道有你老公的存在，以及你儿子的存在。你既要让人领你的恩，又同时让你自己出名，可归根结底，打心底里只是把人家当作一个根本配不上你儿子的残疾人看。我不知道这种污辱对一个身体已经残废的人来说会是多大？”

然后，我看了一眼怔在那儿的于凤因，说：“你不是已经归依基督，并对媒体说‘原谅别人’是基督的宗义里第一件要做的事。现在又说你这辈子都不会原谅莫晶莹。不过，我倒是有个别的想法，她根本不需要你们的原谅，倒是到头来不知你最后能否做到原谅自己？”

于凤因这么优雅的人也终于忍耐不住，冲我吼道：“你给我滚，你一个外人有什么资格来教训我，你以为你在网上有点名气就可以随便对着别人的生活指指点点。你自己连尊老的素质都没有，还谈什么民主。你不知道人家都在背后说你招蜂引蝶，勾引人家有妻之夫吗？你滚！”

我还是稍稍等了一会，看赵林韦是否会在门口出现，可惜约定的时间到了，他却并未现身。我也不好久留，不过走前还是打开车窗好整以瑕友好地提醒了她一下：“你可再次千万看好了你儿子，别一不小心又被我勾走了。”

原来我才离婚一年，就已经在别人眼中从气质优雅变成了一个招蜂引蝶的人了。

也由得别人去说了。

如果我们现在还要活在别人的议论里，一生都要浪费进去了。不如不看不听，任由别人去说，只凭自己的内心行事。

四十二岁再不看透这一点，也算白活了。

我认为事情到此已经很明了了。

莫晶莹最想报复的人可能是那个于凤因，这就是为什么莫晶莹性侵案诉讼的人都是于凤因所爱的人，她的老公和她的儿子。性侵案对谁的伤害最大？恐怕不是当事人，而是于凤因。

我对赵林韦很失望。不仅仅只是因为他居然可以让他母亲来替他阻挡外人的探寻。

但是我又想，如果赵林韦真要阻挡外人采访的话，为什么事先答应我去采访他。他完全是可以拒绝我的采访的。

现在看来采访是做不下去了。

不过，又是宋文斌这个中间人扭转了这个局面。

他及时地向我转达了赵林韦对我的歉意，并确定他依然会接受我的采访。

赵林韦说，那天是因为他母亲执意要由她把客人带进来的，没想到他母亲没让我进来。他说，他的母亲是个伟大的母亲，不想让他在这件事上造成更多的伤害，所以才有这种保护意识。

不过他还是有话要说。他是因为管辖区的不符而被撤诉的。因为他是香港的公民，所以不受美国诉讼地的限制。虽然媒体上含糊地称性侵案与他无关，但懂法的人知道，撤诉只是因为地域不符而已。并不能因此证明他真的没有性侵莫晶莹。

于是，我们定下来在 Michael’s noodle 的包间见面。

宋文斌本来说也要一块过来的，不过后来说，他有一些事情要处理。而且他觉得让我们两个人单独谈可能更合适点。

我听到宋文斌说不会过来，心里倒是泛起一种淡淡的遗憾。

六

我在 Michael’ s noodle 里见到了赵林韦。

虽然我已经在互联网上见过莫晶莹与赵林韦的照片，不过那时他们都还年轻。没想到人到中年的赵林韦，依然显得很年轻。微胖的脸上是那种很难掩盖的善意，甚至有在现在中国很难见到的那种温文尔雅，知书达理的气质。一看就是好教养的家庭出来的。

“我与莫晶莹当年是真心相爱的，那时我们都年轻，对感情看得很纯洁很高尚，怎么可能性侵她？”

简单地寒暄之后，是赵林韦的单刀直入，一语就否认了对他性侵的指控。

我是完全相信的。

网上两个人的照片就是一个傻子都看得出来两个是相爱相吸的。报上说他们是 soul mate，灵魂伴侣。赵林韦在以前的报道上说，莫晶莹回国，他也要跟着过去的。

结果当然是没跟去。

于凤因肯定采取了一切行动都是不会让他跟着去的。

“她是你的初恋？”我问。

“可以这么说。”停顿了一下，赵林韦坦率地承认了。

“现在还爱她吗？”我问。

半晌沉默。

“不。”赵林韦肯定的回答。

“是因为这件性侵案？”

“不是的，在这之前就已经不爱了。”赵林韦犹豫片刻，还是做了诚实的回答。

“遇到你的妻子以后？”

“嗯。”

“莫晶莹在五年与你再次见面的时候，知道了这一点？”我问。

“我想是的。我与她告别时跟她说，我是她的哥哥，也一直把她当作我的妹妹看，她哭了。”赵林韦一脸黯然。

明白了。

莫晶莹状告赵林韦不光光只是报复于凤因，更重要的还是报复赵林韦他本人。

“如果你不是她情人，而是陌生人，一个陌生男性多次见到她的下体，多次为她洗澡，并多次接触她的下体，你觉得这不构成性侵吗？”我冷静地说。

“但我们那时候是情人，而我做的所有事情都是为了帮她。为她插导尿管，为她洗澡，是工作不是性侵。”赵林韦很防御地马上做出反应。

“是的，在五年前，她一直认为你们还是情人。这就是为什么她在五年前没有告你，而是四年前才告你性侵。”我很犀利地指出。

“但这个性侵不是事实。法律是靠事实说话的，不是凭感情行事。”赵林韦反应也很快。

“十年前把她介绍到香港电视台当主持人是你的意见？”我问。

“是的。”

“为了什么？为了减轻一些你的内疚？”

“没有什么内疚吧，我又没做错什么。我只是想帮她一下。”

“十年前为什么没有去找她？”我又问。

“我母亲不让我去找她。”赵林韦痛苦地说。

“可你已经成人了，去不去找她不用你母亲同意吧。”

“我不想母亲太伤心，她已经为我做出太多的牺牲。”赵林韦说。

初恋本来就是不成熟的，母亲又猛烈反对，何况中间又遇到自己新的爱人，新的爱人健康活泼，别有情趣，与莫晶莹的缘份因此散了，也只能如此。

更何况赵林韦已经帮了她很多，不说他对她有恩，就算互不相欠，也不应该让他无端惹上这种损伤名誉的官司。

一个好儿子，一个好丈夫，一个好爸爸。他也本可以是莫晶莹的好哥哥，如果莫晶莹不把他告上法庭的话。

我本来以为赵林韦的妈妈于凤因承担的是里面棒打鸳鸯的恶人身份，但其实这对鸳鸯也早就生变，其中的一个早已经有了新欢，于凤因只在里面起到一个催化作用而已。

从来只见新人笑，哪里听到旧人哭。

可这个旧人不是普通的旧人，她已经没有什么可以失去的了。她哭，她也要别人都陪着她一起哭。哪怕被世人唾骂也在所不惜。

“你恨她吗？”我问。

“以前并不恨，因为我觉得她其实也挺可怜的，这个官司其实就是她被她老公操纵的结果，莫晶莹人并不坏的。可是现在是有点恨她。”赵林韦想了想坦率地说。

然后赵林韦跟我解释：因为这件官司，他的老婆开始怀疑他对她的感情。因为他以前并没有告诉她他与莫晶莹有过一段情。现在他家庭已经不复以前和睦的样子。这是他最不可原谅莫晶莹的地方，也是他为什么来找我的主要原因。

他的老婆倒是从来都没有怀疑他会做出性侵这种事来，因为这么多年来，她对他的老公还是了解的，他老公是个很有教养的正人君子。

他的老婆第一次看见他为此流眼泪，他流着泪说，他所信任的世界崩溃了，他所信仰的人生观和道德观崩溃了，他不能相信世界上还会发生这种事情，而且这种事情还会发生在他身上。他说："好人难做，以后我再也不敢做好人了！"他甚至动过轻生的念头，他老婆骂他："你怎么能够为了别人的错误惩罚自己！"

但是他的老婆却不能原谅他从来都不曾向她提起也不承认他与莫晶莹的那段感情。而如果不是因为这次莫晶莹的诉讼案，他老婆一直会相信他真的只是把莫晶莹当妹妹看的。现在他老婆才知道原来她一直都在与另一个女人分享那份感情。

不管赵林韦如何向她保证他现在只爱她，她没有在与另一个女人分享同一份感情，他老婆只是不信。

莫晶莹那个女人的存在就成了她爱情路上的永远的威胁和障碍。

他老婆就是无法相信他早已经不爱莫晶莹了，难道莫晶莹不是他的初恋吗？难道初恋不是最珍贵最难忘的感情吗？

赵林韦因为遇到他老婆才移情别恋，但现在他老婆反过来不相信他已经移情别恋了。

爱情，多么荒唐。

"可是你来找我不是进一步承认了这段感情吗？"我问。

赵林韦沉默了。

如何才能说清楚呢？一方面他不愿意自己在性侵案上沾上那怕半点污点，所以他要把这事说得一清二楚。但另一方面，为了说清楚这个问题，他得承认当年他和莫晶莹是相爱的。但承认相爱还不行，他还得跟老婆说明他现在已经不爱莫晶莹了。

然而，他老婆却不相信他不爱莫晶莹了。

赵林韦有点后悔来找我。

七

我让林烈峰给莫晶莹带了一个口信，口信里说，我已经见过于凤因与赵林韦，问她还有没有兴趣与我这位老乡见上一面。

不出我的意料，莫晶莹这次爽快地答应下来了。

我是从华盛顿飞到北京，在莫晶莹家里见到莫晶莹的。

到北京时，已经是冬天了。

我不是一个人去的。宋文斌与我一起坐的飞机。不过他倒不是为了陪我，他说是因为他恰恰在北京也有点手续要办。

从华盛顿到北京十几小时的直飞因为有一个有趣的人在旁边，飞机上的时光就变得很美妙。

我们大部分的时候是在一起看老电影。与同龄人在一起就有这个好处，我们经历的历史都是相同的，我们崇拜过的偶像也是相同的，我们听到的流行歌曲也是相同的，而我们看电影的趣味也很接近。我们看了《旺角卡门》《百万美元宝贝》和《禁闭岛》。

在看完《旺角卡门》时，宋文斌大放厥词："那个杯子的桥段倒是挺浪漫，但我是不会用它的。杯子是杯具啊，难怪这电影最后真的成了悲剧。我可不想象电影那样在你的屋里藏一个杯具，让你找不到杯具才来找我，我也不想我们的开始是因为一个杯具。”

“改成这样如何呢？你哪天猜拳能赢我了，就可以来找我。”我也进一步开玩笑。

“不公平啊，能不能改成你哪天猜拳赢我了，我就可以去找你。”他笑说。

我能赢他当然也能输给他，如果我想的话，这个道理都不明白。我心里轰笑着，但没有接话。

然后，他一个劲地问我，上次猜拳赢他到底用了什么诀窍。

我当然不会告诉他：“天机不可泄露。”我神秘地说。

下了飞机后就与宋文斌分道扬镳。他去办他的手续，我去找莫晶莹。

我没有直接去找莫晶莹，而是先去几个我曾熟悉的地方转了转。其中一个就是中国科学院研究生院，现在已经改名叫中国科学院大学了。以前是只有研究生院的。我在那儿渡过了三年快乐的时光。

我与我的前夫就是在中科院研究生院认识的。

我还记得那时回宿舍，室友总这么告诉我：“那个浑厚的男中音又来找你了。”

与前夫认识的初期，经常能收到花，都是我喜欢的粉色玫瑰。我们也经常一起去国防大学看电影。那时中科院研究生院的人有三分之二是在准备出国的，而我与前夫都属于不想出国的三分之一。

因为不想出国，生活过得非常悠闲，不用挑灯夜战准备TOEFL，GRE 及申请等等事宜。经常今天游东明天逛西，睡睡懒觉发发呆。太阳好的时候去八宝山晒太阳。

恰恰因为我们那时候没出国，而是在深圳工作了几年才出国，我们拥有一套深圳的房子。那套房子后来价格飞涨，甚至超过了我们在美国买的任何一个房子。

之所以那时我不想出国，却完全是一个小小的个人原因。那时候，我弟弟还在上大学，父母辛苦挣的钱仅能供他读书。如果我要出国，需要付三四万元培养费，而除去我弟的大学书学费，父母的银行存款加起来可能都没有五千元。我自然不想让他们因我出国而负债。

我是普通家庭出来的孩子，在我小学三年级时家里造楼房，又在当年家里遇到几个变故，负债累累。虽然勤劳的父母凭着自己的双手在我读大学前就已经还清所有债务，但我不想他们因为我的出国而再次负债。

我们宁波人从来都是很懂事的，知道处处为人着想。

却因为我们比当时的同学迟出国几年而多拥有一套深圳市区内的房子。 据说因为这个房子，我们可以比同龄人少奋斗几年。

小小的一个因，带来的果却是很大的。可当初谁能看得到呢？

不过都是随着命运波浪的漂流做着对得起自己内心的选择吧了。

在研究生院时，一个也是研究生同学另外又是党支部书记在我认识前夫前就已经在约我外出。但自从我认识前夫，我就不再跟那个党支部书记出去了。那个党支书是个好人，但我发觉我没法喜欢那个人说话时轻轻细细的声音。

后来我前夫因此没能从预备党员转成正式党员。

当我前夫知道没有转成正式党员的原因是因为那个党支部书记认为前夫抢了他的女朋友时，前夫曾这么对我说，我从来都未忘记过他对我说的话："你应该早告诉我他在约你啊，要是我知道他在约你，我怎么会去和他抢女人呢，到手的党员就这样飞走了。"

我以前一直以为他是在开玩笑，因为他说的时候确实带着一种开玩笑的惋惜神情。后来，我才明白，他说的是真的。

前夫一直都是以买到便宜东西为荣为习惯，他对我的追求一定也是以这样的原则得到的。一旦知道其实自己也是损失巨大的，他自然心痛起他的损失来。而我则才明白原来我在他那时的心里连一个虚无的党员名头都值不上。

以后的吵架我经常提起这件事，他都是矢口否定，说我想多了。

不过我却已经看明白了。最初的他确实是很惋惜失去的党员名头，但后来因为吵架，他想着反正失去的党员名头也拿不回来了，就不要再损失其它别的了，所以又开始矢口否定。

我与宋文斌都和这个城市有很深的感情。他在那里读过五年书，而我则在那里读过三年书。 我与他是同年考上的大学，做过同一份高考试卷。就象我同我的前夫一样。我们都是同一年出生，有共同经历的人。

不过我到北京读书的时候，恰巧是他快出国去美国的时候。我们在北京那个城市的经历大部分是错过了的。

但他在那儿的五年与我在那儿的三年，我们记忆中的北京还是差不多的。那时北京的冬天虽然也是灰蒙蒙的，就象被笼罩着一层灰，但所有的景色还是彩色的，只是感觉有一点脏。不象现在，雾霾严重起来，“世界上最远的距离，莫过于我站在你面前，你却看不见我”这种境界，除了灰色没有了其它色彩。

北京在我们走后的十几年里，变成了我们陌生的样子。

不过这份陌生感也是我与宋文斌共同拥有的。就象华盛顿现在成了我们共同熟悉的城市一样。

这么多的共同，让我们多了一种熟悉的感觉。好象我们已经认识了很久，这绝不同于跟比我年轻的或比我年长的人相处给我的感觉。

现在的北京，最流行的一个词叫：雾霾。会不会有一天，北京成了一个不适宜人类居住的城市呢？我想。

北京的房价肯定是要往下掉了。我在去莫晶莹家的路上，一边想着。又想宋文斌来北京办什么手续呢，该不会来北京办建房的手续吧？毕竟他是个建筑商嘛。

莫晶莹在这个充满雾霾的天气里迎来了我这个老乡。

她家的条件算不错的。据说她的老公很会理财，她家的房子远远不至在北京三环内的这一个单元。这个单元被他们装修得很好，里面的门啊家具啊都适合一个坐轮椅的人进出。

她就是坐在轮椅里，热情地出来迎接了我。那种我们宁波人特有的热情。

我进门的第一个印象是，房间的四面墙壁到处挂满了莫晶莹与王康的恩爱照片。还有与她新出生女儿的一家三口照片。让人感觉这是一个普通但幸福之家。而各种荣誉照，主持照，奖牌奖励反倒堆在不起眼的角落。

似乎有意让人忘记她曾经拥有过的辉煌。

因为是老乡，我们的聊天是从拉家常开始的。比如什么时候离开的宁波，还爱吃宁波炝蟹还有宁波冬瓜腐吗。比如好久没再吃到草头炒年糕了都快忘记味道了，杨梅也好久没吃到过了等等。

然后莫晶莹就跟我谈她的宝贝女儿的各种趣事，以及老公王康作为爸爸是如何称职。等等。

总之，她现在一副有女万事足，过得很幸福知足感恩的模样。

“会让你的女儿以后也学体操吗？”我是这么开始聊到体操的。

“不会，学体操太苦了，风险也大。以后有份工作做，能养活自己，象她爸爸一样做个好人就行了。”莫晶莹这么回答。

“依你的身体状况，养一个孩子很难吧。”我问

“还好，最难的时候已经过去了。我享受养孩子的每一个时刻。”莫晶莹说。

“最难的时候是大家都在说你忘恩负义的时候吗？”我追问到正题。

“那个时候还不是最难的，因为有王康跟我在一起。我不是在孤军作战。再说诉讼时，我已经准备好了这个结果。”莫晶莹略带犹豫地说。

我明白了，什么时候对她才是最难的时候。

也就不再忍心再问下去。

“他们又在你面前说了我一堆坏话？”这次轮到莫晶莹问我。

“没有。”我想了想否定了。

又补充道：“于凤因老了，因为你的官司彻夜失眠，得了神经官能症，最近入了基督教，不知是否能得到安宁一点。赵林韦家庭现在矛盾重重，老婆怀疑他并不爱她，正在做尽力挽救。”

我看到莫晶莹脸上浮现一种满意的笑意。

这才是她同意与我见面想要得到的消息。

而我自然也知道什么样的消息才是她想要的。而我也刚好有这个消息给她。

“还想再要个孩子吗？”我问。

“可能，我与王康都还年轻，我们不会刻意要，但如果小生命来报到了，我们就会留着。”莫晶莹自信地说。就象生儿育女对她来说跟与任何母亲来说都是一样正常的似的。

残疾并没有让她放弃做为一个正常母亲的权利。而她确实已经做到了一次，她当然也能做到第二次。

我似乎又看了那个在体操场上拼搏的小小身影。她还是原来的那个莫晶莹。为了一个奋斗目标，愿意付出辛苦劳累，甚至忘却自己。

现在她正在把这种体育精神用到养儿育女上来。

跟一个小生命相比，情长意短，世界纷争都不过是小小插曲。她付出了，惩罚了，也受到了惩罚。她愿不愿意接受这个报应？那就是她的事了。

我告别莫晶莹前，莫晶莹说：“我们今天的谈话都是我们老乡之间的闲聊。如果可能，请不要出版你所写的东西。这个事情到此为止也该让它平息了。我目前的生活重心已经转移，也不想再生出更多是非，我对目前生活很满意。”

从莫晶莹家出来，我的耳间萦绕着在飞机上看的王杰在《旺角卡门》里唱的主题歌《忘了你 忘了我》：

当你说要走 我不想挥手的时候

爱情终究是一场空 谁说我俩的过去尽在不言中

别忘了我曾拥有你 你也曾爱过我

当你留给我 我不想接受的伤痛

爱情到头来还是梦 别说我俩的世界有太多不同

就说你已经忘了我 你就要离开我

谁能够告诉我 我是否付出太多

就当我从来没有过 还是消失在我心头

谁曾经提醒我 我的爱没有把握

就当我从来没有过 还是忘了你 忘了我

突然想起我与宋文斌算不算是同一世界里的人，我们有太多相同的经历，相同的记忆。

八

回到华盛顿后，我开始把自己关闭在屋里写关于莫晶莹的文章。我不再上微信，不再在群里发言，也不再发朋友圈的文章。

我越来越发现朋友圈不过是大家虚假生活的展现。在那儿，你看到的大家都是一幅很幸福美满的样子：在旅游，在跑步，在聚会，在喝鸡汤，在恋爱，在美食。偶然有人在那儿感慨一下婚姻抱怨一下丈夫，第二天再去看，发现那个贴已经被悄悄地删除了，第三天又见她在夸老公了。

毕竟，何必把自己的难处展现给别人看呢？看了又能怎样？又没人真的会来帮你。还不是得自己挽回残局。

再说朋友圈什么人都有，兄弟姐妹，亲戚朋友，前辈后辈，新交旧知。倒不如跳跳舞弹弹琴跑跑步，大家彼此都好看。

我的朋友圈也没有什么例外。所以暂时停止了微信的一切活动。

这期间，宋文斌也没来找我。这样也好，我写文章的时候最受不了打扰。

每天中午和晚上，我照样走路去 Michael’s noodle 吃饭。我也会抽出半小时到一小时的时间进行锻炼。日子过得也算和顺。

不知从哪天开始，我察觉到一种奇怪的现象。晚上时分，总有一辆银灰色的车停在我房子附近的马路上。这还不算什么，奇怪的是，每当我关灯睡觉时，那个车子随后也就离开了。因为我的窗帘是一种薄纱。关灯后还能隐隐看到外面路上发生的事。就见得那车子的尾灯亮起，然后就开走了。

我是偶然发现这个情况的。从那天起，我每天观察，发现车子都是七八点钟后停在那里，然后，我十点半左右熄灯后车子也离开了。

单身的人没有安全感。而且以前我家也曾被人在白天我们不在家时闯进过一次。虽然没有失去什么钱物，但从此心生警惕。

我想是不是有什么人在研究我的行踪，以便找一个合适的机会入室偷窃。终于下定决定，装了一个 ADT 安全监控系统。

与前夫在一起生活时，觉得反正有一个人在身边，就一直没装。

记得以前一个 ADT 安全监控系统的推销员来上门推销产品，我说我们不需要安装时，他一个劲儿地鼓吹，安装这个系统是对自己和对家人的一种负责。我自然没有听他的，ADT 安全监控系统不光要收安装费，每个月还要付几十美元服务费，并不便宜。

但一个人生活时，胆子就变得小了。宁愿每月化点钱买一个心安。这些事情都得安排起来。

那天，是我的生日。又长了一岁。

时间一直向前冲，本来以为到四十岁已经是够惨的了，但很快四十一岁也到了。猛然间四十二岁也到了。现在，四十三岁也终于到了。不久就真的老了。我悲哀地想。

四十三岁的生日没有人祝福没有蛋糕也没有蜡烛。外面的雪还未融化，我也不打算出去吃，一个人在餐厅吃饭平时倒不觉得什么，一旦到生日就会越发显得孤单。就自己一个人煮一包方便面吧。

从饭厅的纱窗看出去，白茫茫的一片，银装素裹，倒是好看。然后看到那辆银灰色的车又开过来，停在路边。我看了一眼手表，哦，今天那个车算是来的早的，还不到七点钟呢。

然后，我看到那车上下来了一个人，朝我门口走来。

我安慰自己：反正 ADT 安全监控系统装着，而且现在也还早，不会有什么事情的。

这时，听到敲门声，我从窥视镜里看了一下。心一阵狂跳，就快要跳出胸腔。

在外面的人不是别人，正是宋文斌。

我打开门，不知怎的，还未成言，脸先兀自飞红了一片。

倒是宋文斌先说话了。他笑着说："生日也不请人吃个饭。"

"你怎么知道今天是我的生日？"

"你以前在朋友圈发过一个图，生日的月份与日期对应起来刚好就是‘纠结的小师妹’。我这个‘安静的大豆比’就来看看你今天是不是又在纠结了。”他开玩笑地说。

“你……”我想问：“你是否就是那个每天晚上把车停在外面直到我熄灯才走的人？”

不过不知怎么着，突然觉得不好意思问。而且我不必问也知道了，这个世界上能在外面等着看着你直到你熄灯睡觉才离开的人一定不会很多，有一个已经属于稀罕物了。

“那你是七月份生日的？”我匆忙间改口道。

一月出生是“高冷的”，二月出生是“纠结的”，三月出生是“万能的”，四月出生是“超级的”，五月出生是“孤傲的”，六月出生是“萌萌哒的”。八月出生是“任性的”，九月是“深沉的”，十月是“漂亮的”，十一月是“快乐的”，十二月是“才华横溢的”，而七月出生则是“安静的”。我依然记得我在微信朋友圈上发过的那个图。

“对啊，怕不怕我这七月的流火把你二月的雪融化了？”

我曾清点了一下，发现以前声称爱过我的人都是一月生日的，我的前夫也是。我的初恋也是。

我在二十年后在大学群再次遇见我的初恋。初恋借着一首歌说，如果再给他一次机会，他愿意放弃一切押上所有赌注。不过最后证明他不过是过了一把嘴瘾。

有的人他说一些情话其实并不是为了要感动你，而是为了感动他自己。

我想他其实是一个好人，多才多艺，温良随和，也曾是一个体育健将，现在也证明他在商业上的也能做得很好。可惜就是性格懦弱了点，如果他当年能勇敢一些，说不定我的前尘往事全部都变得不一样了。

可惜现实生活从来没有如果，也或许根本就不是勇敢不勇敢的问题。

前生，他毕竟不是那个把你埋葬的人。

我们只是没缘。即使再过二十年相见，我们还是一样没缘在一起。

不如早放手。

人都说，你爱过的人或者爱你的人其实都是同一类型的。没想到我爱过的人或爱过我的人连生日都是同一个月份的。

一月生日的人是否对我而言都太冷了些？

被冻伤过了的我现在只想被七月的阳光普照。

“我前阵一直没来找你，是因为我在处理我的婚姻。我终于还是离婚了。”宋文斌说。

“哦……” 我想说什么，可是不知该如何接口。那次他说去北京办点手续，原来他在办理离婚手续。

“走，我们出去买束鲜花。”他说，“当然先要去吃个饭，就去那个 Michael’s noodle 吧，我们第一次见面的地方。”

他与他们都不一样。

宋文斌说爱一个人就要勇敢，要有行动。爱情不是甜言蜜语，而是实实在在的承诺和支持。

他说，其实他应该感谢我出现在他的人生中，是我让他重新变得年轻，让他又回到年轻时为了爱可以不顾一切付出一切的神勇状态。

他说，他还是在投资群里遇到我的时候，就已经隐约知道了自己的宿命。他愿意接受自己宿命的挑战。

他是建筑商，他在华盛顿好多地方都有他公司建筑的房子对外出售。但波多马克那个漂亮社区新建的豪华别墅就准备不卖了，他知道我一直想在那儿拥有一个房。那个房子的 Title(产权证)写上了我与他的名字，那是一幢我一直想拥有的梦想中的房子。房子带有二英亩地，屋前种满了各种各样的花儿，尤以粉红色的玫瑰为多，他知道我最爱玫瑰。屋后则种有苹果，亚梨，樱桃等果树。有一个很大的向阳的太阳房供我晒太阳和发呆。

他说我的前生一定是一只猫，否则今生怎么可能这么爱晒太阳和发呆。并说，他的前生一定就是一只鼠，从见到我的第一眼起就被我捕获。鼠怎么能逃得过猫的掌心呢。

他说，他现在知道为什么猜拳永远赢不过我了，因为这是一只老鼠和一只猫的比赛，永远属于自不量力的一种。

“不如我们都不做猫和老鼠，你来做那个小王子，我来做那只狐狸，你来驯服我吧。”我心里默默念道。

他说四十几岁应该拥有人间最好的东西，爱情只是其中之一，而我们刚好有能力全部都拥有。

结局

在一个美丽的春日，沐浴着阳光，我坐在阳台上，看着后院松鼠蹦跑跳跃，白尾鹿安静地吃着草，樱桃花快谢了，苹果花开始盛开，鸟儿鸣叫着。关于莫晶莹案的成稿就在我的身边。

不过我已经不想出版它了。

当事的三方都反对我出版它。那场轰轰烈烈价格上亿的官司，涉及了报恩与报怨，国际体操运动，大保险公司，国际电视台，各方媒体律师，各方网友。但起因却是那么简单。只有当事人和我才明白这官司因何而起。而三方都不想让公众知道真相。

最好的报复就是你比那个人过得好。

莫晶莹损伤的是名誉，但得到的却是被反对过被耻辱过的完整的生活，有丈夫有孩子。因为那场官司，让她与她丈夫成了同盟军，和整个世界都对立起来。而这个与整个世界为敌的经历让两颗心靠拢，反而造就了这个婚姻的浪漫。

虽然莫晶莹心里也知道她的丈夫是怎么一回事，但总算有那么一个人，出现在她这么漫长而艰难，受尽身心双重重伤的人生里，且仅仅只出现了那么一个人，跳出来第一次为她出了一次头，打了这场跨年跨国举世瞩目的官司，让赵林韦与于凤因从此都生活在莫名的痛苦和混乱中。并向他们展示，没有赵林韦，她照样过得很好，有人愿意娶她，为她出头，还和她生了个孩子。

当年，玛丽亚去地主亲戚奥劳斯基家做家庭教师。做家庭教师时，玛丽亚爱上了他们的儿子、日后的杰出数学家卡齐米日·奥劳斯基。卡齐米日父母因玛丽亚家庭贫困反对他们的恋情，卡齐米日屈从了自己父母的意见。恋爱关系破裂后，卡齐米日晚年时常坐在1932年创办的镭研究所前玛丽亚雕像前陷入沉思。而那个玛丽亚后来成了举世闻名的居里夫人。

陆游的《钗头凤》记述了他和表妹唐婉的爱情，因父母的干涉而未能修成正果。四十年后陆游未能忘情，再游沈园，抚今追昔，复作《沈园》二首，此时唐婉已去世多年。

莫晶莹还爱不爱赵林韦？居里夫人还爱不爱卡齐米日？唐婉还爱不爱陆游？多么愚蠢的问题。

世上一切皆在因果， 滚滚红尘都在重重又叠叠的报应之报应中。

两方终各得所报，也算公平。

“今天的午饭你还坚持出去吃吗？”丈夫来问我。

“老规矩：剪刀，石头，布，我赢就出去吃，你赢我就给你做饭吃。”我微笑着说。

“能不能改成你输就出去吃，我输你给我做饭吃？”丈夫知道他每次都是输的。

“没问题！”

我既然能赢也自然能输。作为一个优秀的工程师，他连这么简单的道理却都想不明白。我心里轰然大笑。

他不是宋文斌。而是我文章中提到的那位前夫。他只是恰好叫“宋文斌”这个名字而已，我们并没有离婚。

那个宋文斌至今还未出现在我的生活中。

我们的房子在华盛顿效区一个叫北波多马克（North Potomac）的中产小区。北波多马克不是波多马克，不算富人区，不过也是一个好区，有在全美排名一百名以内的公立高中，有很漂亮的社区风景，来过我家的国内朋友都说他们想象中的美国就是这个样子的。而美国绝大多数的地方都让他们失望。

我的生活远远比上面描述的平淡，一地鸡毛。

我还有一个女儿，她在外州读私立寄宿高中。为了她每年的学杂费，我必须想尽一切办法保住一份工作，但最终也没能保住，我不是辞职做自由职业者，而是因为我又被裁了。好在又奋力地找到了这份自由职业，虽然没有以前挣得多，但女儿的学杂费还是可以得到保证。钱多赚一点少赚一点没那么重要，人生不是赚多少钱。

虽然我也写点文章，但不是象文章中说的小有名气，相反，至今仍然默默无闻。我的猜拳冠军仅限于公司的技术部门，在一堆技术呆子中，及与我老公之间。我的情感生活有点复杂，婚前婚后都有人声称爱我，但最后留下来的不过是些旧伤痕。

那个 Michael’s noodle 与其它的中餐馆并无两样：装修

简陋，并无包间。

总体来说，只要不把爱情看得那么重要，那么我的生活各方面也都还算得不错。

爱情真的那么重要吗？

我与宋文斌的关系处于若即若离之间。败絮已在其内，但金玉还在其外。我们已经谈过不下一百次的离婚，但至今仍在婚姻中。女儿还未成人也是我们其中的一个考量。

每次想离婚时，我也会想起来那段初恋失败失眠的日子，那段只有在丈夫身边才能熟睡的日子，他也不是没曾拯救过我。

虽然这种拯救于他，不过是无心及无意的一瞬间。就象是某天我从天上掉了下来时，他刚好路过，无意识地伸手接了一下，接住了，我因此没被摔死，他也暗暗庆幸自己尽然毫发无损，说不定还在心里给自己一个强化：下次看到天上掉东西，千万记住不可伸出手去接。

“我的意中人是个盖世英雄，有一天他会踩着七色的云彩来娶我……”，这样的故事只能出现在电影中小说中或者梦境中的吧？说那句话的紫霞仙子最后死无葬身之地。

然而，我们总还有梦想。在梦想中，我们假装自己是自由的，也自带光芒。然后，有那么一个英雄会突然降临你的生活，把你拯救出种种混乱。

虽然，最后发现，那个英雄永远都在传颂中，永远都在别处。而最后都是我们自己别无选择毫无例外地成为了自己的英雄。每次在以为再也走不过来了的时候，最终还是靠着自己的力量把自己从黑暗中拯救了出来。

英雄，其实是一种信仰，随着每天的日出升起，让我们觉得我们的疲惫人生还有出路还有希望，而我们终究都会被拯救。

朱朱莉

双重初恋

一． 二十年前的引力波

“脚踏两头船！”“恶心！”安文雯在上完夜自习回宿舍经过隔壁女生寝室的时候，听到她们在这样谈论她的恋情。

那一晚，安文雯觉得她已经死了。

你也许要问，这不是在《初恋情人》里已经提及过了吗？怎么又来讲她的初恋故事。

如果你相信安文雯的初恋就是如《初恋情人》里所写的，你就太幼稚单纯了。现实永远比小说复杂得多。现实中，有很多隐藏了未曾说出的故事永远都不能见到阳光。

《初恋情人》里的结局当然不是真的：王国雄并没有死在几个非裔青年的刀下。相反，他活得好好的，现在还高升为了那个不知名大学信息科学技术学院的副院长，而且凭他孜孜不倦向上爬的毅力和决心，可想而知，他很快就会升为院长。

那个王国雄失血过多死在几个非裔青年的刀下结局是安文雯臆想出来的。

陌生人永远不会对我们构成威胁造成伤害，他只出现在我们的生活中交错而过的一瞬间。我们有太多这样的一瞬间，全部都被抛弃在时光的废墟里。因为陌生人不值得我们回头去多看一眼。

所以在《初恋情人》中，安文雯在臆想中让王国雄成为了她的陌生人，从此不会再打扰到她，永远不会再出现在她的生活中。她不想再浪费那怕一秒的时间让他在她的世界里停留。他曾留给过她太多人生的阴暗面，而现在的她已经成长，早就 get over（了事）他了。

如果你读过《英雄梦想》，你不会忘记，那个叫朱朱莉的最喜欢干的事情就是揭开那些被隐藏了的事实真相。那么就让我们挑起潜藏在我们每个人心底阴暗角落里不死的偷窥欲，跟随那个稀奇古怪的朱朱莉，从那句在《初恋情人》中只是轻描淡写附带提及一笔带过的一句话“脚踏两头船！”说开去，去偷窥一下安文雯真实的初恋。

这就要涉及到安文雯的另一个初恋情人。我们姑且叫他唐宇文吧。

从安文雯目前已经成熟的眼光再回头去看当时的唐宇文，她都禁不住迷惑为什么当时会鬼迷心窍，居然在那时看上的是王国雄而不是唐宇文。

唐宇文无疑是那时物理系最耀眼最出风头的男生：帅，高，体育健将，为人和善，朋友众多，多才多艺：吉它，唱歌都很拿得出手。

每年的运动会上，他都是系里最拉风的男生。

唐宇文不光在短跑，竟走，跳高等竞技项目里总是稳拿第一，而且他还是系足球队和篮球队的主力运动员和队长。

难怪比安文雯低一个年级的美女原旬看上了他。在运动会上，安文雯所在的物理系就数唐宇文和那个叫原旬的美女最出风头。运动员们经常会在一起训练，一起参加比赛。运动会上最瞩目的女一号爱上最拉风的男一号，不是很自然的事吗？

运动会期间，原旬都会很娇嗔地借故来找唐宇文帮忙按摩，压腿，甚至系鞋带。

也许不光光是那个美女，还有安文雯所不知道的其它美女都看上了唐宇文也说不定。那时，一个男生能弹好一把吉它就能吸引大批女生，更何况唐宇文不光会弹吉它，更是运动等多方面优质阳光的美少年。

二十年前的年轻人，特别是女生，心里都藏有一颗不羁放纵爱自由的文艺心。那时，女生最爱看的脸是同龄异性青春的脸，最崇拜他们的是那个叫做才华的东西。钱，在女生的爱情世界里是最没有市场的。很少有女孩子会因为男方钱多而爱上男方。

二十年后，那批七十年代生人，成了中国最有钱权最有话语权的一批人。而世界也变了。钱成为年轻人最钟爱的东西。

所以，生于七十年代的男生是最受时代宠爱的。当他们年轻时，女生们最爱同龄的他们，爱他们比她们头发更长的才华。而当他们成为大叔时，女生们却已经变成最爱大叔，爱他们随着岁月凸起的肚腩而凸起的钱包。萝莉爱大叔就象老鼠爱大米一样普遍。

按说，运动美女原旬配运动帅哥唐宇文那才是郎才女貌天生一对。也许大家当时也都是这种想法。可世界上的事情偏偏就是那么奇怪，特别是初恋，它常常不按常规出牌。唐宇文喜欢的却是当时青涩懵懂的安文雯。

那时的安文雯，不光青涩，甚至连个美女都算不上，最多只能算“长得还不错”。大学时期的安文雯，远远还没到她最好的时光，她那支花儿要到后来才怒放。

而且她还是一个性格孤僻学物理的学霸，书呆子。爱好的是文学，是大学诗社的主编。每年最担心的是如果体育不及格就不能拿到一等二等或三等奖学金了。

记得那时唐宇文最爱给她边弹吉它边唱的一首歌是郑钧的《灰姑娘》：“……你并不美丽，但是你可爱至极…..”可见即使在唐宇文当时的心中，安文雯也不算一个美女。

但他却觉得她可爱。

安文雯想不出一个孤僻的人怎么可以叫作可爱。我们一般说到可爱，就会想到那个人至少是活泼的那一种，所谓“活泼可爱”嘛。

可安文雯一点都不活泼，甚至有一点忧郁。她最爱做的事是发呆。上高中的时候，她最爱去海边，坐在无人的寂静的海岸听海浪的声音发呆，感觉她已经远离了这个世界，这让她感到安心，只有夜幕降临才会让她不情愿地回家。

而等她上了大学，校园的小竹林里不知道消耗掉多少她发呆的青春时光。

倒是多年以后，安文雯的老公说她其实与生俱来一种特别的幽默感。但这也不关“活泼可爱”什么事吧。

那个体育美女原旬才是真正的活泼可爱，而且明眸善睐，美丽大方。

安文雯虽然知道唐宇文喜欢她，但她最喜欢的却还是王国雄。那个做事稳重条理清楚比一般男生都显得成熟的班长。而他看上去也很喜欢她。每次与一群男生走过她的身边，他都要落到最后，频频回头来看她。所以后来她才会给王国雄送了一封情书。

但是，开运动会的时候，当那个体育美女原旬娇嗔地去找唐宇文按摩，压腿，甚至系鞋带时，在边上围着看运动会看自己班里运动员的安文雯总会意识到自己其实也是嫉妒的，甚至很吃醋。而唐宇文好象知道安文雯的感受，总是抬头看一眼安文雯，然后说笑着就把美女的任务推给别人去完成了。而总有一众男生很乐意地把这些任务都抢了过去。

所以他们四个人的关系就象是一场大规模的搭错车。一众男生喜欢那个体育美女原旬，但原旬却喜欢唐宇文。唐宇文虽然也喜欢原旬，但最喜欢的却是安文雯。而安文雯虽然也喜欢唐宇文，但最喜欢的却是王国雄。而王国雄虽然处处让安文雯觉得他喜欢她，但最终却象《初恋情人》中描述的那样给了安文雯人生中最大的伤害。他真正喜欢的人应该自始自终唯有他自己吧。

为什么初恋会是那种局面？安文雯到目前都还想不太明

白。唯一能解释得通的可能就是“得不到的才是最珍贵的”吧。

唐宇文自己是运动健将，所以体育美女对他来说并不稀罕。而唐宇文虽然成绩也不错，但与安文雯比还是差远了，一个学霸对唐宇文来说可能比一个体育美女更有吸引力。况且唐宇文还在安文雯身上看到了连安文雯自己都不清楚的叫做“可爱至极”的东西。

而安文雯则在王国雄身上看到了她得不到的成熟稳重的模样。那时，她那么急于长大，摆脱掉青涩懵懂的青春小尾巴。于是把这种得不到而渴望得到的东西以初恋的形式投射到王国雄的身上。

而说不定在安文雯急于摆脱的青涩里却有着在唐宇文眼中光彩夺目叫做“可爱”的东西。

“初恋的时候，我们最爱看我们最珍爱的东西，然后把我们的整个身心都投入进去，以爱的名义想拥有我们最想得到的。可惜，我们又太年轻，看不清楚我们真正最爱的是什么。于是才会有那些伤害，因为我们发现我们其实是被自己的眼睛欺骗了。”二十年后，安文雯这么总结初恋。

二十年后，再回头去看过往，一切都已不是原来的模样。

就象小时候，安文雯觉得她家乡的老街是那么长，总也走不完，又是那么神秘新奇，琳琅满目，让她流恋迷失。长大后发现，其实那条老街总共才短短二三百米长，两边不过是些最普通的街铺：服装店，理发店，瓷器店，照相馆，书店，打铁铺等等。

安文雯终于看到了当时在唐宇文身上忽略了的而二十年

后才最看重最珍惜的东西：善良的本质和爱的能力。这些在王国雄身上是看不到的。而当年在王国雄身上看到的成熟，二十年后再回头去看，其实不过是些老谋深算和油滑。他太自私，自私到永远只有微弱的爱能反射给别人，他对自己的爱远远超过他对别人的爱。

如果不是二十年后他们在大学微信群再次相遇，这场初恋事件虽然复杂，但对安文雯来说还只能算是一场常规的失败初恋。而正是因为微信群的那场相遇，这场初恋却得以完全逆转。

事实上，现在，在大学同学的心中，他们甚至觉得二十年来第一次恍然大悟得以知道“真相”：原来他们一直认为的安文雯“脚踏两头船”云里雾去让他们琢磨不透的恋情，其实是个彻头彻尾的误会。唐宇文与安文雯才是自始自终真正的一对初恋情人嘛。至于王国雄，不过是莫名其妙在其中插了一杠，莫名其妙模糊了歪曲了他们视线的插曲或花边而已。

这难道是爱因斯坦万有引力场的引力波引起时空扭曲理论在初恋这个小宇宙中的文艺版应用吗？

我们不妨随朱朱莉再去看一看这场二十年前的初恋引力波在二十年后是如何完成时空扭曲，让初恋终于尘埃落定，恢复初恋所本来应该具有的美好和曼妙。

二. 再回首恍然若梦

与唐宇文在二十年后再次遇见前，安文雯并不知道在他的心里，是否依然还有她的存在，或许早已经被他遗忘在他的故事里？

那年考完研后，王国雄故伎重演，每次与一群男生走过她的身边，又是故意落到最后，频频回头看她。

安文雯毕终于想明白了其中曲直。他采取的是多么廉价又安全可进又可退的手段！

只是她不明白，为什么王国雄在这么伤害过一个人后，居然还有这么大的底气和自信来当众再次表演对她的好感。

如果王国雄是在赌他仍然有机会挽回她的心，那么只能说，他低估安文雯了。安文雯早已经不爱他，只是那时还做不到把他当成陌生人，因为那些伤痕每天都在撕裂般地作痛，提醒着她只是因为她爱上了一个人却给了那个人伤害她的机会，使她一伤至此，溃不成军。

他对安文雯造成的破坏远远不是一次不成功的初恋这样轻描淡写所能概括的。他粉碎了安文雯对事情的基本判断能力。安文雯以前自恃敏感，有着比别人更强的洞察力。在那以后的好多年中，即使是一件很明显的事情，她也不敢再运用自己的判断，一定要等人确凿无疑明确地告诉她，她才敢接受和相信。“你想说什么就请明确的告诉我，不要给我暗示，提示，摸棱两可或要我自己去理解。”这是安文雯工作头几年常常对部门员工所说的口头禅。

安文雯与她的丈夫的恋爱是一场典型的校园爱情，所有该有的浪漫情节一个不缺。即使那样，当某天晚上，他突然慎重而略带慌乱地对她说有一句很重要的话要告诉她时，没人知道，她内心的反应是如何的巨大，她突然对所有发生过的一切都不确定起来，怀疑她男朋友要说出的话是诸如“我们分手吧”“我们并不合适”“其实我并不爱你”之类。幸好他当时说出的是那最温暖的三个字。

是与她的丈夫的恋爱不经意中修复了很大一部分王国雄给她造成的毁坏。其它的部分则要由长达十来年的岁月来慢慢地修复。

如果王国雄是为了“他得不到的，也不能让别人得到”，那么他这个廉价又安全的举动确实取得了成效。同学们因此依然不明就里，觉得王国雄仍然是安文雯“脚踏两头船”中的一只船。而唐宇文依然觉得他在这场竞争中没有胜出的希望。

毕竟，王国雄是怎么伤害到安文雯的只有他们两个人才知道。而这样的伤口，安文雯怎么可以让别人看到！

王国雄就是那么厉害，老道，成熟，把一个一箭双雕的把戏玩得如此如火纯青。

然而，命运之神一定是个很幽默的老人家，他总喜欢与人唱唱反调。谁最能玩他老人家偏偏就要玩玩谁。

这一次他老人家又忍不住出手了。

当年，三个人里面成绩最弱对考上研究生最不抱希望的体育明星唐宇文当年就考上了研究生。安文雯更是理所当然地考上了一所顶级的大学。

而那个王国雄当时仅仅只是为了怕安文雯在他考研冲刺阶段去找他而影响了他学习，不惜残忍地地伤害她已经摇摇欲坠脆弱不堪的自尊心，当她与他在路上不期而遇时面露厌弃择道而行，却，没能在当年考上研究生，甚至第二年也没考上，要到第三年才考上。

安文雯不由猜测：命运他老人家在玩了一把王国雄后，一定心情很爽，纵声大笑了一场。

毕业前，唐宇文在她的留言本里留言道："只希望你的一切都是安好的，或许我不该抱有更多的奢望。"

而安文雯也并不抱有更多的奢望。

回想起来，在她最需要另一个人把她从深渊中救出来的时候，唐宇文毕竟不是那个救了她的人。

是的，唐宇文始终让她觉得他在她身边，他可以是她的依靠，他一直在喜欢她，这确实给予她安慰。但是，她已经不要更多的"觉得"，她不要再运用自己的判断能力，她不要暗示，提示，不要任何借一首吉它曲或借一首歌来隐晦地告诉她什么。她要那个人明明白白，一个字也不多一个字也不少地告诉她：到底发生了什么。但是，唐宇文始终没有明确告诉她到底发生了什么。

在那场恋爱中，其实她比他们都来得勇敢，但最后，也是她，被伤得最重。

从此一别两宽，各走天涯。安文雯去了北方一个遥远的城市就学，而唐宇文则去了西部一个遥远的城市就学。

二十年间，他们曾经有过两次机会可以再相遇，但都没再遇见。

第一次是大学毕业五周年同学会，招集人就是他们的班长王国雄。

那时，安文雯已经在深圳工作。是一个有名的 IT 公司的部门总经理。她没有去参加聚会，因为她不愿意再见到王国雄这个人。而且因为她已经有了女儿，女儿尚小需要照顾。

毕业五周年同学会后的某一天，安文雯听到公司的前台小姐叫她去接一个电话，说有人找她。安文雯不免迷惑，因为很少有人打电话到公司的前台找她，熟悉她的人或有业务关系的人一般都会直接打公司配给她的手机或者她自己的手机。

是一个她再也想不到会打电话给她的人，她的一个大学男同学，杨烁。

一听到杨烁标志性尖尖的声音就认出来了。

杨烁说话声音尖，长得矮，绰号“老鼠眼”。安文雯从来都没有把他当作那怕有 1%可能性的恋爱对象。因为她不喜欢男孩子尖尖的声音。

安文雯与他的女朋友白雪平时都是一块去食堂吃饭。某天，白雪突然跟安文雯宣布：“以后不跟你一起吃饭了。”也不跟她解释原因，从此就把安文雯当作敌人，不再跟她说话。

安文雯唯一能猜到了可能性是因为杨烁。杨烁确实很早就曾对她暗示过好感，但也就只到暗示的程度而已，而且他还不是很快就与白雪确定了恋爱关系。平时两人都表现得非常亲密。

但她也不好去跟白雪解释："你眼中的白马王子，根本就不是我的那杯茶。"因为，人家压根儿就没提到底是因为什么原因。

安文雯那时真是饥寒交迫，内外受困，背腹受敌，大学生活简直成了一场恶梦。

杨烁的电话把她再次拉入那场恶梦。

杨烁大学毕业后很快就结婚了，结婚对象就是白雪。后来，他也确实没辜负白雪的期望，成了一所海外在中国开设的有名的私立学校的校长。

毕业五年后，安文雯没搞懂杨烁是突然心血来潮还是怎么回事，他居然去查安文雯的公司电话号码，并打了一个电话给安文雯。

电话里并没聊什么，不过是一些：你过得好吗？我过得挺好的，你呢？我也不错。诸如此类而已。安文雯并没有问他为什么要给她打电话。她没兴趣知道也不想猜测。而他也并没有解释为什么要给她打电话。

而唐宇文则未曾与她联系。

第二次有可能见到唐宇文是在安文雯出国前。那时离大学毕业已经快八年了。

安文雯带着女儿趁出国前去全国各地玩玩，那时她的丈夫已经在美国了。其中的一站就是江南的那个临海城市宁波。

有一个与安文雯最有同学缘的初高中及大学同学赵枫在那儿工作。而唐宇文也在那个城市工作，听人提到过他在自己做外贸生意。

老同学赵枫邀请去他家吃个晚饭。并说，他也会与唐宇文联系一下看他能不能也一起过来。安文雯没有答应去吃晚饭，但是答应晚饭后去他家坐坐。

晚饭后安文雯与女儿去老同学赵枫家做客。赵枫说，唐宇文说他有事走不开，不能过来。

那天晚上下着雨。在与赵枫及他老婆告别的时候，赵枫执意要送，并在去打车的路上为安文雯打了一路的雨伞。

安文雯很快就出国了，从此再没机会遇见过唐宇文。

后来又搞过几次同学会，安文雯都没有兴趣也没有时间参加。大学生活对她来说几乎就是恶梦一场。她宁愿不再回首。

她也差不多快把唐宇文忘了，因为她并不清楚在他的故事里还有没有她的痕迹存在。

出国后，只有一次，有人向她提到了唐宇文。就叫他林烈峰吧。

读过《英雄梦想》的读者可能还记得，里面有一个名叫林烈峰的人，他好象认识世界上几乎所有的人，而且因为人人都知道他并不存什么坏心眼，反而干得成各种怵手的事。这样的林烈峰几乎出现在每一个故事里，他负责穿针引线，把各个零碎不成形的故事象拼图一样拼接起来。

安文雯的故事里也少不了这样一个林烈峰。

而且这个林烈峰算得上是安文雯恶梦般的大学生活中一抹温暖的记忆。是她一位难得的可以给予她安慰的异性朋友。大学毕业后，他也是安文雯一直还有联系的位数很少的大学同学中的一个。

某天，林烈峰来 Email 说，可能近期有机会去美国，如去也许会去拜访一下安文雯。于是安文雯就把她的联系方式及她老公的联系方式都告诉了他。

林烈峰回了一封信，里面多加了一句话，“没想到你老公的名字中也有一个‘文’字。”

安文雯老公名字中的“文”与唐宇文的“文”以及与她自己名字中的“文”完全是一种巧合。但这倒让安文雯又想起了唐宇文，只是好像记忆都已经很遥远模糊了，感觉很不真切。

大学毕业二十年后，安文雯加入了微信初中同学群，读初中的时候有一大帮的朋友，老朋友重聚，让她在那个群里玩得很开心。

赵枫在群里得到安文雯的微信信息后，立即把安文雯拉入了高中群。并马上新开了一个大学群，于是安文雯，唐宇文，王国雄，杨烁，白雪，赵枫，林烈峰等绝大部分的大学同学又都出现在同一个群里。

三．夕阳醉了

刚被赵枫拉进大学群时，安文雯很有点愤怒的情绪。她对王国雄依然有一腔嗔心未曾放下，而一团糟的大学生活又如恶梦般地扑面而来让她不知如何面对。于是在群里保持着沉默。

在群里同样保持沉默的位数也不少，都是被同学硬拉进群的，退了倒象是不给群主面子，不退又没话可说，只好就沉默着。

很快要开大学毕业二十周年同学会，群里的讨论其实还是挺热闹的。王国雄，唐宇文，赵枫，杨烁都是组委会成员，还有原来的团支部书记：李立。

二十年后，大学同学都已成家立业，事业有成。组委会的那些人更是如此。王国雄成了大学教授(后来升为副院长)，唐宇文则是大学同学中的首富，企业家。那几年在宁波做外贸的都挣到大钱了，而唐宇文不光做外贸，他还有自己的厂做产品。赵枫则成了某招商引资局的局长，杨烁是某私立学校的校长，李立则是某测量局的领导。

那天晚上，群里好多人发了各种贴纸表示去睡了，包括王国雄，赵枫，杨烁，李立等。

唐宇文与宁滢还在聊关于宁滢新购的卡迪拉克。

宁滢就是当年被安文雯听到在评论她："脚踏两头船""恶心"的女生。但她后来不知是心生内疚还是怎么着，一直在弥补与安文雯的关系，反而成了安文雯的一位普通朋友，是安文雯至今还保持联系的仅有的几位大学同学之一。

安文雯那儿正是白天，她正在数学群做数学题，就把正在做的数学题发到了大学群："还没睡的来做做题吧。"

那个数学群是歪打正着进去的。安文雯的女儿数学不太好，以为加入那个群可以取取经，没想到里面大多数人都是一等一的数学高手，他们的子女都是去参加各种全国性的数学竞赛的，有的子女还在国际奥数中得过奖牌，而有的家长自己原来就是代表中国国际奥赛的国手。

说清楚了是"还没睡的"，就让那些已经说睡了的不好意思再上来做题。安文雯不想与王国雄再有任何聊天或纠缠的机会。

题目及图形如下：

看出 31 个正方形人才，35 个天才，44 个鬼才，你能看出几个？

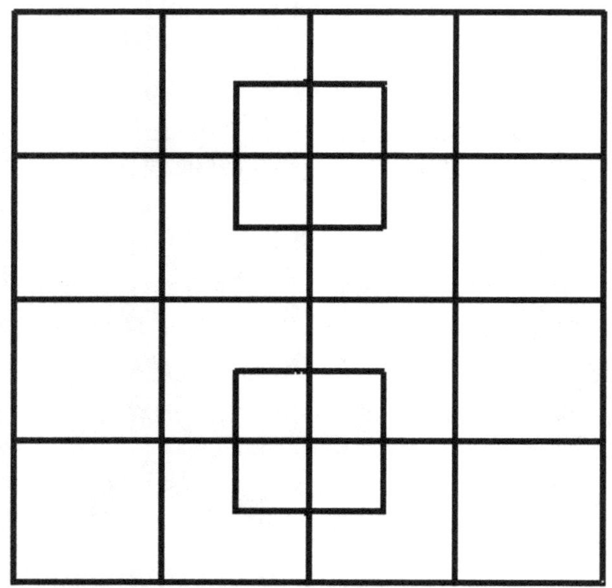

“看出 37 个了。”宁滢很快回应。

“40 个，还可以吗?”唐宇文@了安文雯。

林烈峰也冒了出来,发了各种夸张的表情符号及贴纸,“38 个。”

“40 个了已经，仔细又查了一下，不能有更多的了。”绰号“大仙”的袁曙也冒了出来。

“大家已经都是天才了，不错了。”安文雯说。

“数得眼睛都花了，太晚了，不数了，去睡觉了。”宁滢说。

发上来一个扯着被子呼呼睡觉鼻子冒着鼻涕泡的贴纸表示去睡了。

以为大家都去睡了，安文雯继续在数学群混着。过了十来分钟，看到大学群提示有给她的信息。就又点回到大学群。

“你这是让我眼睛老花快点到来啊。”加了一个坏笑的表情，唐宇文再次@了安文雯。

“还在数？”安文雯也@了唐宇文。

在这中国已经午夜的空荡荡的大学群，两个人终于对上话了。而近二十年过去了。

第一次聊天，仅仅是为了解一道数学题。

“我的眼睛已经老花了。”大仙又冒出来了。“找不到更多的正方形了。”

安文雯随手画了一个示意图，拍了照，发到群里，@了大仙。“如图，正方形的边是可以很粗的。”

“难为你了。”唐宇文@了安文雯。

“大仙，你把眼睛睁大一点，线看粗一点就可以看到更多正方形了。”唐宇文跟大仙开着玩笑。

林烈峰也又冒上来各种戏谑大仙。

然后唐宇文报出更多的数：“已经数到 44 个了。”

“眼睛没老花的明天继续数吧，已经老花了的就不用数了。”安文雯开完玩笑，就工作了。

美国的夜晚是中国的白天。夏令时间，刚好差十二小时。

安文雯晚上再度查大学微信群时，已经是睡觉前了。

微信群里已经有各种表示昨天晚上真热闹，晚上还可以与安文雯聊天等等的贴。

接着就看到唐宇文贴的：“给特别的你。”下面贴了两首歌，是安文雯从来没听过的歌, 不知道的歌手：

……

我已开始怀念你的美丽

在飞机挣扎着冲上天之后

我怎么能像个傻瓜

为了冒充一些该死的坚强

佯装潇洒

让你像鸟儿一样地飞走

任万千不舍

讥笑难过的自我

你是乘着它走的

乘着我心里最柔软的爱恋

那些亲密的过往

越是亲密越是忧伤

……

……

如果没有你

我就是阳光下的阴影

湖水中的空气

群星中唯一不闪耀的那颗

大漠上最黯然的沙砾

……

安文雯的视线模糊了。原来，二十年来，他，毕竟还在那儿。而她，毕竟还在他的故事里没有被他忘记。

安文雯刚有想哭的冲动，就马上又笑了，因为她看到下面还跟着另一首歌。

是王国雄发的：《夕阳醉了》。

王国雄说："喝着茶，听着张学友的歌，醉了。"

夕阳醉了 落霞醉了 任谁都掩饰不了

因我的心 因我的心 早醉掉

是谁带笑 是谁带俏 默默将心偷取了

酒醉的心 酒醉的心 被燃烧

唯愿心底一个梦变真 交底美丽唇印

印下情深故事 更动人

回来步入我的心 好吗？ 回来别剩我一个人

寻寻觅觅这一生因你 寻寻觅觅这缘份接近

斜阳别让我分心 好吗？ 斜阳浪漫可惜放任

红红泛著酒窝的浅笑 何时愿让我靠近

安文雯也是彻底醉了，这种廉价又安全可进又可退的把戏又一次上演了。

王国雄是绝对不会说这歌是发给谁的，因为这样他以后可以随时反悔：我就是发给自己听听的嘛，都是你们自己想多了。

下面跟着的贴倒也蛮耐人寻味。

唐宇文在下面跟的贴是："夕阳醉了，我更醉了。"

赵枫则跟贴："叫兽又在叫春了。"赵枫从一开始就对王国雄抱着一种敌意，一直就叫王国雄叫兽。

而杨烁则更好玩："王国雄，你这么闲，你的老婆会有意见吗？"然后又在群里介绍："王国雄的老婆可是我介绍的喔，是我唯一做过的一次媒人。"

那天大学群到很晚了还在聊天，唐宇文则早早就在群里催促大家都该去睡了。还说："大家都该去睡了，这样林烈峰就可以早点出来了。"他知道，安文雯与林烈峰一直都有联系。

这让安文雯想起，去年林烈峰曾给她发信："今天去宁波，有老同学问起你的状况，我说你过得挺滋润的。"那个老同学是不是就是唐宇文呢？

终于大家还是先后发了各种去睡觉了的贴纸都去睡了，毕竟第二天还要上班呢。

大学群又寂寞下来了。

午夜一点多，林烈峰上来发了一贴："夜猫子们都出来报到吧。"

然后唐宇文冒出来了："已经看到五十个正方形了。"

"你怎么可能看到这么多？"大仙也冒出来了。

"你把正方形的边看粗一点，就能看到很多，连五十个都不至呢。"唐宇文说。

“目前数学群最多已经看到五十四个了，你们继续努力吧。”安文雯也冒了一下头。

二十年后旧情重温，却是从做数学题开始。

第二天，依然还是做数学题。

这次是唐宇文先发了一道题：“初中题：4 个零如何算 24？”

群里各种“大学都已经毕业了，不想再动脑筋了。”“4 个零怎么可能算出 24？老唐你是不是脑子烧坏了。”“初中看来是毕不了业了。”“大学教授都做不出来的，我们更不用做了。”

很快议题又回到讨论同学会的事了。题目被埋在各种发言中。

安文雯刚好在数学群做过类似的题。于是就上去贴了一答案：（0!＋0!＋0!＋0!）!

唐宇文马上跟了几个贴：“你怎么这么聪明啊？”

“看来你能去上重点高中了，我就只能去上普通高中。”

“我该去借一本数学书补补课了，数学都快忘得差不多了。”

安文雯解释：“刚好在数学群做过类似的题：4 个零如何算出 17。要不大家也来做做这道题？”

这是安文雯第一次在大学群中国的白天时间发贴。然后就招来一堆热情的问候，要求贴照片啊等等。

大学生活好象没有记忆中那么糟糕啊。

而白雪依然把她当作不存在似的，平时她在群里可是很活跃的人。

安文雯看了看她露在朋友圈的十条信息，都是淘宝店卖衣服啊什么的。一个长得挺漂亮的校长夫人把自己的朋友圈搞得象夜市摆地摊的似的。

“这道题叫兽恐怕也做不出的吧。”赵枫说。

王国雄则发了各种自说自话的贴子：“从家走到学校，计算了一下，一共二千零八十七步。”“今天喝一杯茶，喝了十分钟五十三秒”等等，一副他其实也很爱数学很爱数字的样子。

当天晚上，唐宇文在微信群发贴说他一整夜都在开着车在外面晃荡，晃荡到午夜十二点多，才到家。

一点多未见到他出现在群里。连林烈峰与大仙等夜猫们也去睡了。以为唐宇文当晚不会再上来了。

临晨二点多，他上来发了个贴：

sec(arctan0)=1

sec(arctan√1)=√2

sec(arctan√2)= √3

sec(arctan√3)= √4

……

Sec(arctan√195)= √196=14

14+0!+0!+0!= 17

他毕竟还是做了那道题，也只有他一个人解出了那道题。

安文雯其实心里并不认为是他自己独自做出来。说实话，这个答案连安文雯都已经看不懂，三角几何的那些东西早就还给老师了。

就连高人无数的数学群，也没人用这种方式解出这道题的。只有出题的人最后给出了类似答案。

但是就算不是他独自做出来的，而是查来的，那又怎样？

就算是查来的，他也是唯一一个愿意去查的人。

他愿意用任何可以获得的方式把安文雯出的题目给解出来，这个“愿意”才是安文雯想要的答案。

安文雯也很快发了几贴：

你的答案是学院派的。

贴几个数学群其它的奇葩答案吧：

0!8-0!这个是我的。

4 进制：0!00+0!

8 进制：0!0+0!0!

16 进制：0!0+0!+0

17 进制：0!0+0!+0!

安文雯在一个一个发答案期间，唐宇文在不断发出惊叹：

聪明！（夸安文雯的）

这样也可以？进制居然还可以变的！

I 服了 U!

……

“其实我挺喜欢数学的，高中升大学时，在数学系与物理系之间徘徊，后来听说这个大学的物理系足球队更强才报的物理系。”等安文雯贴完答案，唐宇文又发了这样一贴。

大学四年，从来不聊这些。二十年后，在空无他人的寂静的大学群，两人却聊起当初为什么读物理的事。

安文雯读物理却完全是一场误会，物理一直是安文雯高中时最弱的一门课，当年选的明明是生物，不知为何被服从分配分到了物理系。

但安文雯没有跟唐宇文说这些。相反，她问了他一声：

“另一只鞋子也掉下来了，是不是可以睡个好觉了？”

那头沉默了足足五分钟。

另一只鞋子当然既可以理解为是那道数学题的答案，又可以理解成安文雯，唐宇文，和王国雄他们三个人在同学面前甚至在唐宇文心中一直悬而未决的关系。

安文雯用了一个双关。等于给自己留了一条退路。她曾经被伤过，现在再也不愿意被伤到。

“应该是的。”五分钟后，唐宇文终于发上来一个贴。接着加了句话“那我去睡觉了。”

四．当年情

安文雯再去查微信的时候，大概是晚上十一点左右。也就是中国时间上午十一点左右。

大学群已经有二千多条未读信息了。吓了一跳。他们这才起床没几小时啊。

点到最前面，发现最早发贴的人也是昨晚最晚一个发贴的人是唐宇文。六点钟就已经在群里问候大家早上好了。想来，他才睡了三个小时不到的觉。

他发了满屏的贴纸，各种足球运动员头像系列的动画贴纸，什么“赞一个”，“哈哈哈”，“真棒”，“你牛”，“来打我啊”等等，还有狐狸和马系列的贴纸，做着各种踢球，跳舞，撒一颗颗心，跪地擂自己胸等动作。

然后是大家的各种评论和各种贴纸“老唐疯了”，“老唐，这儿有你今天的药”，“我很欣赏你”，“喂，医院吗？这儿有人疯了”，“这孩子没救了”，“为毛放弃治疗”等调侃。

只见唐宇文又发了一张桃花盛开的桃花林照片上来，跟着发了一贴：“春天到了，四处花开。”

“老唐，你今天没去上班?”赵枫问。

“嗯，到处转转。”

“风景真好。”“郊外太漂亮了。”“这样的天气就是不应该上班。”“醉了。”唐宇文连接发了几个贴，又发了好几张花的照片。

“花儿都怒放了。”接着感概一声。

“心花也怒放了。”赵枫回了一贴。

唐宇文回了几个“赞一个”，“哈哈哈”，“真棒”，“你牛”，“来打我啊”等贴纸。

然后他又发帖说，今天他把吉它又找出来了。好久没弹了，都不知道还会不会弹。

林烈峰跟贴：“练一练，到时在同学会上弹一首吧。”

“要听《灰姑娘》。”杨烁发贴。

“还是弹《天上掉下个林妹妹》吧。”赵枫发贴。

“对，弹《天上掉下个林妹妹》，要不到时老唐弹，我们大家来合唱？”原团支部书记李立也来起轰。

唐宇文又做了一系烈踢球，跳舞，撒一颗颗心，跪地擂自己的胸的动作。

然后说，二十周年同学会他会带一个足球去，到时好好踢一场球。

接着又发了一系烈足球运动员的贴纸。

“老唐，那贴纸上的人是罗纳尔多吗？”宁滢问。

“去问安文雯，她可是因为足球才考到了物理系的。”李立很快回贴。

“安文雯是罗纳尔多迷？足球迷？”宁滢也很快回了一贴。

“不是她，是我，我当年是因为物理系足球队强才考到物理系的。”唐宇文发贴解释。

李立@了宁滢：“看来我们俩可以做最强拍档。”

宁滢则发了一个葛优翘着大拇指的“人才！”贴纸。

安文雯看到这儿，笑了。

李立最终还是把那一层纸给捅破了。

由大学同学来捅破这层纸比安文雯与唐宇文打哑语好得多了。

李立曾是安文雯做物理实验的拍档，细心，严谨，与安文雯的粗心，大意刚好相反。与他做拍挡是最省心省力的，因为几乎所有工作都由他包了，甚至包括写实验报告。与他搭档的每次实验成绩都是全班最高分。

这一次，他又帮了安文雯一下。

否则，照唐宇文的性格，安文雯不知还要与他一起做多少晚的数学题。而其实，安文雯并不喜欢做数学题。

如果唐宇文当年能够更勇敢些，这场初恋根本不用等到今天来完成。

爱，来得太晚。

还是有遗憾的。

以为这已经是今天大学群的高潮了。没想到又一个插曲上来了：

“老唐，我羡慕嫉妒恨！我恨你！”赵枫发了一贴。

静止，大学群突然安静下来了。

没人再在上面发贴。

估计大家都象安文雯一样处于惊呆中。

过了二十分钟，唐宇文发了一个 OK 的手势。

安文雯与赵枫做了十年的同学，初高中六年都不在同一个班级，直到大学才是同班同学。平时都是当老同学相处，也想不起来他曾给她留下过什么蛛丝马迹。不过也许是因为那时的注意力都放在了王国雄和唐宇文那儿。

这么想来，她出国前去赵枫家小聚，赵枫说问过唐宇文，唐宇文说没空过来说不定也不是实情了。

王国雄在那白天热闹的贴子中全程缺席。他没有发任何贴子。

到了晚上，他发贴了：“忙了一整天，终于可以息下来。

喝喝茶，听听张学友的歌，心情大好！”

“再听听《夕阳醉了》，还是老歌的旋律好听。今天还转发给了几个同事听。”

然后就又发了那首《夕阳醉了》。

他上次发《夕阳醉了》也只是因为他心情好自己想听听而已好吗，如果大学同学们以为他有什么别的想法，那可是大学同学们你们自己会错了意喔。你看，这次他又心情大好了，所以他就又听了，如此简单而已。

听完歌，他说要出去散步了，这个年纪身体健康最重要。

“王国雄，这么晚还要出去散步？怕不安全吧。”杨烁有点幸灾乐祸地发了一贴。

“班长一向做事靠谱的，我对班长很放心。”杨烁的老婆白雪跟着发了一贴。

“你这么放心班长，难道是觉得班长没人要吗？”赵枫马上跟着发了一贴。

“班长不会没人要的。班长，我对你有信心，我看好你喔！”赵枫继续发了一贴。

王国雄没有任何回复。

晚上十点左右，宁滢上来发了一个蓝妹妹的贴纸，举着两手，一副可爱的模样，旁边一个“哇”字。

王国雄又冒出来了，还@了宁滢：“这是蓝精灵吗？”

过了好久，宁滢回了一贴：“嗯。去睡了。”

当年宁滢就是那个在隔壁寝室八卦安文雯“脚踏两头船”“恶心”的人，这时的她，不知是否为那时的言论感到后悔和内疚。

也许她在想：原来，他们都被王国雄骗了，王国雄就是会耍点幛眼法而已，安文雯与唐宇文才自始自终是一对初恋情人嘛。

这才是安文雯想要的这个初恋故事的结局。她比较喜欢这样的收梢。

她爱过王国雄。她早已经不爱他了。她甚至不愿意承认她爱过他。王国雄玩的把戏正好使她达到这个目的。

公众眼中的“真相”可以被揭露，公众眼中的“真相”也同样可以被创造。

如今创造的这个大学同学眼中的“真相”正合安文雯所愿，而王国雄为此作了很大一部分的贡献。

安文雯一直保持着沉默，没上去发贴。

直到十二点后林烈峰又在宣布：“夜猫子们都出来报到吧。”在美国刚好中午时间的她才发了一个贴纸：一个小孩往地上踩着写有“签到”二个字的按钮。

唐宇文也马上发上来一个同样的“签到”贴纸。

安文雯又发了一张前天拍到的鹿群在自家房子前吃草的

照片。

接着发了一贴："春来到，又见鹿踪。"

而唐宇文则发上来了一首张国荣当年唱的歌：《当年情》。

拥着你 当初温馨再涌现

心里边 童年稚气梦未污染

今日我 与你又试肩并肩

当年情 此刻是添上新鲜

一望你 眼里温暖已通电

心里边 从前梦一点未改变

今日我 与你又试肩并肩

当年情 再度添上新鲜

"老唐，今晚喝醉了，陪我聊会儿天。"杨烁以前从来不在十二点后出现的，今天却冒出来了。

"你是校长，那我陪你一会。"

"我下了。要去开会了。"安文雯发贴。白雪一直把她当作不存在，想来还是因为杨烁的缘故。她避开与杨烁的接触，也免得节外又生枝。

“这么早下了？校长找人聊天呢。”

“让他找他女同学去聊去。”

“高，实在是高！”

“看来没人陪我聊天，那我只好搂女同学睡觉去了。”杨烁发帖。

第二天，是周六。

周六的晚上，组委会成员开会讨论同学会的事。边吃饭边讨论期间，组委会成员的照片也都被发到了大学群。

这才想起，其实，安文雯还没见过他们的近照呢。记忆中还一直是他们大学时候的样子。除了赵枫在出国前见过一面。

李立依然玉树临风。赵枫仍然很显年轻，听说与他老婆出去曾经有人问他老婆他是否她的儿子。杨烁胖了，显得更矮，但总体神情变化不大，一看还能认出是原来的那个杨烁。

唐宇文也保持得不错。比原来胖了一点，但只是觉得结实。依然很帅，却是老了些，岁月还是留下了痕迹，但同时显得成熟了。以前他戴高度数的厚玻璃眼镜一直没觉得他眼睛那么小，现在他戴的是那种超薄镜片，却看出他的眼睛小来了。不过眼睛小有小的魅力，安文雯想。

而王国雄的变化是最大的，原来很廋的一个人已经完全是一副大胖子的模样，胖倒也罢了，安文雯从不歧视胖子，问题是他的面相上带着那种象在官场混久了似的油气。是她最讨厌的那种面相。如果早知道他以后会变成这副模样，打死她都不会爱上他。

群里有各种对他们容貌的讨论和调侃，想起来，好多人都是多年不见了的。

“有个别同学已经认不出来了。” 安文雯忍不住发了一贴，对她与王国雄的关系补上了最后一刀。

这一刀有点不地道，但比起二十年前他给予她的那一刀却是轻得多了。

“老班，你的医生老婆催肥有术啊。”唐宇文跟着补充了一下。

再见，熟悉的陌生人。

王国雄终于被抛弃在安文雯的时光废墟里。

安文雯也放下了所有对他曾有的嗔心，因为我们从来不会去记恨一个陌生人。

五. 简单爱

当另一只鞋子也掉了下来，人才得以安睡。

世间有一件最宝贵的东西叫做得不到。得到的时候，其实也就失去了这个最宝贵的东西。

安文雯和唐宇文用了二十年，完成了他们漫长的初恋。当尘埃落定的时候，其实也就是到了结束的时候。

使君自有妇，罗敷自有夫。如何继续下去？

纵使跨越千山万水千辛万苦在一起了，两人还可能因为种种原因相处不来。

世间安得两全法，不负如来不负卿？

而且，当年把她从一个“再也不相信爱情了”的爱情失足青年挽救过来的是她的老公宋文彬，而不是唐宇文。

不如早放手。还能留住彼此最好的记忆。

安文雯不光没有去参加同学会，而且退出了大学群。

“妈妈，你什么时候谈的第一次恋爱？”在一次送安文雯女儿上学的路上，不知怎么聊到这个问题。

“我谈恋爱谈得很晚，人晚熟嘛，以前光知道学习，直到上研究生院才正式谈第一场恋爱，就是与你的爸爸啰。”安文雯想了想，这样回答了她女儿。

与她女儿爸爸宋文彬的恋情是典型的校园爱情。从男方向女方借闪光灯开始，到后来借笔记本，一起上课，一起看电影，一起去拍照，送花，送情书，星光下的表白，晒月亮，晒太阳，说走就走的旅游，见双方父母，等等，一个浪漫的环节都不缺少。

就是缺少了一颗简单的心。

男方从一开始就把女方当作结婚对象，一切都是朝着婚姻这个目的发展的。这是一场以婚姬为目的恋爱事件，而不是因为爱而爱。

“一切不以婚姻为目的的爱情都是耍流氓”，一切以婚姻为目的的爱情又是什么呢？

可是，如果与她女儿爸爸的恋爱不算初恋的话，她与王国雄的恋爱更不应被当作初恋。有一种人他根本不配得到爱情，更不配得到初恋。他只适合做一个安文雯熟悉的陌生人。

而虽然在二十年后，在大学同学认为的“真相”里，也是安文雯与唐宇文最乐意见到的“真相”里：唐宇文与安文雯才是真正的一对大学期间的初恋情人。

但是，这毕竟只是一个被引力波扭曲了的大众看到的“真相”。你可以改变公众心目中认定的真相，但你永远无法回到时间的源头去改变真正发生过的一切。

安文雯与唐宇文的那场初恋完成得太晚，远远晚于安文雯与宋文彬的恋爱。

安文雯的初恋就是那么一笔糊涂帐。帐还未算清，而时光已经老去。

如果时光可以重来，安文雯但愿谈一段最简单的初恋。

就象梦里见到的那样。

在梦里，她与唐宇文都还在青涩的少年时光，两个十六岁的少年。而且似乎两家都住得很近，是骑车可到达的距离。

十六岁的唐宇文背着一把吉它，骑着一辆单车来找安文雯出去玩。“走，去听听我新写的歌吧。”他这么说。

安文雯坐上他的单车，听到安文雯的妈妈在后面叮咛：“要好好玩啊！”

“好的。”话音未落，车子已经窜出去很远。

一路上与路上碰到的大妈大叔们打着招呼，骑过大片大片金灿灿的油菜花田，骑过马路边上开得粉红一路的桃花树，来到了一棵开满了花的树下，树冠很大很大，淡粉色的花儿开得密密匝匝。

两个人都在树底下坐了下来。

“我给你弹一首我昨天刚写的歌，送给你的。”唐宇文说着拨拉起吉它来。

随着旋律，唐宇文开始边弹边唱起来。

安文雯一听，这明明是周杰伦的《简单爱》嘛：

说不上为什么　我变得很主动

若爱上一个人　什么都会值得去做

我想大声宣布　对你依依不舍

连隔壁邻居都猜到我现在的感受

河边的风　在吹着头发飘动

牵着你的手　一阵莫名感动

我想带你　回我的外婆家

一起看着日落　一直到我们都睡着

我想就这样牵着你的手不放开

爱能不能够永远单纯没有悲哀

我想带你骑单车

我想和你看棒球

想这样没担忧　唱着歌　一直走

我想就这样牵着你的手不放开

爱可不可以简简单单没有伤害

你靠着我的肩膀

你在我胸口睡着

像这样的生活　我爱你　你爱我

想～简简单单爱～

想～简简单单爱～

“咦，那边有只小鸟从树上掉下来了，好象翅膀受了伤，我们去把它救了吧。”

安文雯看到一只刚刚从树上掉下来的小鸟，啾啾地鸣叫着，在地上挣扎扑愣，已经不能飞了，显然是受了重伤。

“好啊！”唐宇文放下吉它，爽快地答应了一声。

谨以此书献给那段青涩的时光。

献给为我操劳半生，培养我抚育我的父母，献给支持我写作的丈夫和我深爱的女儿。

献给所有偏爱我的亲人和朋友们。献给在我的写作路上给予诸多指导和帮助的老师们。

www.ingramcontent.com/pod-product-compliance
Lightning Source LLC
Chambersburg PA
CBHW062024190726
48284CB00014B/2639

9781950407026